南怀瑾 讲述

南怀瑾文教基金会 编

問道

南怀瑾
品读道德经

人民东方出版传媒
People's Oriental Publishing & Media

东方出版社
The Oriental Press

图书在版编目（CIP）数据

问道：南怀瑾品读道德经／南怀瑾讲述；南怀瑾文教基金会编 .－－北京：东方出版社 ,2025.10.
ISBN 978－7－5207－4447－8

I.B223.15

中国国家版本馆 CIP 数据核字第 2025ZG2071 号

问道：南怀瑾品读道德经
WEN DAO:NAN HUAIJIN PINDU DAODEJING

作　　者：南怀瑾
编　　者：南怀瑾文教基金会
策划编辑：刘天骥
责任编辑：张莉娟
责任审校：赵鹏丽
出　　版：东方出版社
发　　行：人民东方出版传媒有限公司
地　　址：北京市东城区朝阳门内大街 166 号
邮　　编：100010
印　　刷：北京启航东方印刷有限公司
版　　次：2025 年 10 月第 1 版
印　　次：2025 年 10 月北京第 1 次印刷
开　　本：787 毫米 ×1092 毫米　1/32
印　　张：13.5
字　　数：162 千字
书　　号：ISBN 978－7－5207－4447－8
定　　价：75.00 元
发行电话：(010)85924663　85924644　85924641

目 录

《老子》上下篇，整个连起来，上经讲『道』，勉强给它一个范围，是讲『道之体』，讲『道』的根本。

道

道可道

非常道

名可

名

非常名

道可道，非常道。
名可名，非常名。

老子提出"道"，提示我们，不可执着道是一般的常道。

在不得已的表达中，提出了一个"道"字；接着又强调，不可执着名相而寻道。

所谓的"道"，乃至"道"的定名，都是为了表达的方便，姑且名之为"道"而已。"道"是"变动不居，周流六虚"的，名相只是人为意识的塑造而已。叫它是"道"，已经是头上安头，早已着相了。

無名天地之始
有名萬物之母
常無欲以觀其妙
常有欲以觀其徼

无，名天地之始。

有，名万物之母。

常无，欲以观其妙。

常有，欲以观其徼。

本无是天地的原始，妙有是万物万有的来源。

人们要想体认大道有无之际，必须要修养到常无的境界，才能观察，体察到有生于无的妙用。再说，如果要想体认到无中如何生有，又必须要加工，但从有处来观察这个"有"而终归于本来"无"的边际。

在形而下的情况下而要体认形而上道，必须从常无的境界中去体认它的道体。但是如要更透彻精辟，又需要在常有之中领悟它的无边无际。

天下皆知美之為美

斯惡已

皆知善之為善

斯不善已

天下皆知美之为美，斯恶已。

皆知善之为善，斯不善已。

    无论后世哪一种宗教，或教育哲学，都会树立一个美和善的架构（标的）。殊不知变生于定，二由一起。凡是人为所谓的美与善的道，一落痕迹，早已成为不美不善的先驱了。

    修道的人，大多数都把道的境界，先由自己的主观观念，建立起一个至真、至善、至美的构想。也可以说是自己首先建立起一个道的幻境，妄自追求。其实，一存此念，早已离道太远了。

    大道无名，并非如一般凡夫俗子们所认为的常道。什么是常道呢？便是平常人们为形而上道所建立起的至真、至善、至美的名相境界。这样一来，早已离道更远了。

    有个真善美的天堂，便有丑陋、罪恶、虚伪的地狱与它对立。天堂固然好，但却有人偏要死也不厌地狱。极乐世界固然使人羡慕，心向往之，但却有人愿意永远沐浴在无边苦海中，以苦为乐。与其舍一而取一，早已背道而驰。不如两两相忘，不执着于真假、善恶、美丑，便可得其道妙而逍遥自在了。

如果从学术思想上的观点来讲，既然美与丑、善与恶，都是形而下人为的相对假立，根本即无绝对标准。那么，建立一个善的典型，那个善便会为人利用，成为作恶多端的挡箭牌了。建立一个美的标准，那个美便会闹出"东施效颦"的陋习。有两则历史故事，浓缩成四句名言，就可说明"美之为美，斯恶已。善之为善，斯不善已"的道理，那就是"纣为长夜之饮，通国之人皆失日"，"楚王好细腰，宫中多饿死"。现在引用它来作为经验哲学的明确写照，说明为人上者，无论在哪一方面，都不可有偏好与偏爱的趋向。即使是偏重于仁义道德、自由民主，也会被人利用而假冒为善，变为造孽作恶的借口了。

再从人类心态的广义来讲。爱美，是享受欲的必然趋向。向善，是要好心理的自然表现。"愿天常生好人，愿人常做好事"，那是理想国中所有真善美的愿望。可不可能在这个人文世界上出现，却是一个天大的问题。

我们顺便翻开历史一看，秦始皇的"阿房宫"，隋炀帝的"迷楼"和他所开启的运河两岸的隋堤，李后主的凤阁龙楼，以及他极力求工求美的词句，宋徽宗的"艮岳"与他的书笔和书法，慈禧太后的"圆明园"和她的花鸟，罗马帝国盛极时期的雕刻、建筑，甚至驰名当世如纽约的摩天大厦，华盛顿的白宫，莫斯科的克里姆林宫，也都是被世人认为是一代的美或权力的标记。但从人类的历史经验来瞻前顾后，谁能保证将来是否还算是至善至美的尤物呢？唐人韩琮有一首柳枝词说：

梁苑隋堤事已空，万条犹舞旧春风。

何须思想千年事，谁见杨花入汉宫。

有無之相生難易之相成

長短之相形高下之相傾

音聲之相和前後之相隨

有无相生，难易相成，
长短相较，高下相倾，
音声相和，前后相随。

　　无论有无、难易、高下、音声、前后等现象界的种种，都在自然回旋的规律中相互为用，互为因果。没有一个绝对的善或不善、美或不美的界限。因此，他教人要认识道的妙用，效法天地宇宙的自然法则，不执着，不落偏，不自私，不占有，为而无为。

處無為之事

处无为之事。

一切作为，应如行云流水，义所当为，理所应为，做应当做的事。做过了，如雁过长空，风来竹面，不着丝毫痕迹，不有纤芥在胸中。

行不言之教

行不言之教。

万事以言教不如身教，光说不做，或做而后说，往往都是徒费唇舌而已。因此，如推崇道家，善学老子之教的司马子长（迁），在他的自序中，引用孔子之意说："我欲载之空言，不如见之于行事之深切著明也。"

萬物作而不辭

生而不有為而不恃

功成不居

夫惟不居是以不去

万物作焉而不辞，
生而不有，为而不恃，
功成而弗居。夫唯弗居，是以不去。

　　天地间的万物，它们都不辞劳瘁地在造作。但造作了以后，虽然生长不已而并不据为己有，做了也不自恃有功于人，或自恃有功于天地。它们总不把造作成功的成果据为己有。"弗居"的"居"字，便是占住的意思。正因为天地万物如此这般，不自占为己有地在作为，反而使人们更尊敬，更体任自然的伟大，始终不能离开它而另谋生存。所以上古圣人，悟到此理，便效法自然法则，用来处理人事。

道沖而用之或不盈
渊乎似萬物之宗
挫其銳解其紛和其光同其塵
湛兮似若存
吾不知其誰之子象帝之先

道冲而用之或不盈，渊兮似万物之宗。
挫其锐，解其纷，和其光，同其尘。
湛兮似或存，吾不知谁之子，象帝之先。

　　道的妙用在于谦冲不已，犹如来自山长水远处的流泉，涓涓汩汩而流注不休，终而汇聚成无底的深渊，不拒倾注，永远没有满盈而无止境。如果了解道的冲而不盈的妙用，它便如生生不已，永无休止，能生万物的那个想象中的宗主功能一样，就可应用无方，量同太虚。

　　能够做到冲虚而不盈不满，自然可以顿挫坚锐，化解纷扰。然后参和它的光景，互同它的尘象。但它依然是澄澄湛湛，和而不杂，同而不流地若存若亡于其间。倘使真能做到这种造诣，完成这种素养，便无法知道它究竟是"谁"之子。似人而非人，似神而非神，实在无法比拟它像个什么。假使真有一个能主宰万有的大帝，那么，这个能创造大帝的又是谁？这个"谁之子"的"谁"，才是创造大帝与万物的根本功能，也姑且"强名之"，叫它是"道"。但是道本无形，道本无名，叫它是"道"，便已非道。因此，只好形容它是"象帝之先"。

　　从个人的修养来讲，修道的基本，首先要能冲虚谦下，无论是炼气或养神，都要如此，都要冲虚自然，永远不盈不满，来而不拒，去而不留，除故纳新，流存无碍而不住。凡是有太过尖锐，特别呆滞不化的心念，便须顿挫而使之平息。对于炼气修息，炼神养心，也都要如此。倘有纷纭扰乱、纠缠不清的思念，也必须要解脱。至于气息与精神，也须保养不拘，任其冲而不盈。

如此存养纯熟，就可以和合自然的光景，与世俗同流而不合污，自掩光华，混迹尘境。但是此心此身，始终是"冲而用之或不盈"。一切不为太过，太甚。此心此身，仍然保合太和而澄澄湛湛，活活泼泼，周旋于尘境有无之间。但虽说是澄澄湛湛，必须若存若亡，不可执着。我即非我，谁亦非谁，只是应物无方，不留去来的痕迹，所谓"先天而天弗违，后天而奉天时"，如此而已。

但在一般道家人物的行为来说，对于"和其光，同其尘"两句，尤其重视。同时配合魏伯阳真人所著《参同契》中"被褐怀玉，外为狂夫"的两句话，奉为典范，所以有道之士往往装疯卖呆，蓬头垢面混迹于尘世。这种思想和作为，到了后世，便更有甚焉，构成小说中许多故事，影响民俗思想甚巨，如济公活佛的喝酒吃狗肉，吕纯阳三戏白牡丹，等等，都从"和光同尘"的观念而来，勾画出修道人的另一番面目。

清　石涛　淮扬洁秋图

天地不仁
以萬物為芻狗
聖人不仁
以百姓為芻狗

22

天地不仁，以万物为刍狗，
圣人不仁，以百姓为刍狗。

"仁"字，当然是代表了周秦时代诸子百家所标榜的仁义的"仁"，换言之，也就是爱护人或万物的仁慈、仁爱等爱心的表相。

当在春秋战国之际，诸侯纷争，攫掠一般平民的生命财产、子女玉帛，割地称雄，残民以逞，原属常事。因此，知识分子的读书人，奔走呼吁，号召仁义，揭示上古圣君贤相，要人如何体认天心仁爱，如何以仁心仁术来治天下，才能使天下太平。不但儒者如此，其他诸子百家，大概也都不外以仁义为宣传，以仁义为号召。

无论是哪一种高明的学说，或哪一种超然的思想，用之既久，就会产生相反的弊病，变为只有空壳的口号，并无真正的实义了。例如佛说"平等"，但经过几千年来的印度，阶级悬殊，仍然极不平等。同样地，我们先民教导了几千年的"仁义"，但很可惜的，又能有几多人的作为，几多时的历史，真正合于仁义之道！又如耶稣，大声疾呼要"博爱"，但在西方两千年来的文化，又有哪个时代真正出现对世界人类的博爱！此正是老子叹息"大道废，有仁义。慧智出，有大伪"的来由。

如果我们了解了这些反面的道理，便可知道老子所提出正面的哲学。天地生万物，本是自然而生，自然而有。生了万物是很自然的事，死杀万物，也是很自然的事。天地既不以生出万物为做好事，同时也不以死杀万物为做坏事。天地既生了长养万类的万物，同时，也生了看来似乎相反的毒杀万类的万物。生长了补药，也生长了毒药。补品不一定是补，因补可以致死。毒物也不一定是毒，以毒攻毒，可以活命。

其实，天地无心而平等生发万物，万物亦无法自主而还归于天地。所以说："天地不仁，以万物为刍狗。"这是说天地并没有自己立定一个仁爱万物的主观的天心而生万物。只是自然而生，自然而有，自然而归于还灭。

其实，罪在人心，谁也不能为谁赎罪，除非天下人人能自忏罪悔过。因此，老子对于当时现世的人们，自称为圣人之徒，号召以仁义救世者，认为他们徒托空言，都无实义。甚之，假借仁义为名，用以自逞一己私欲之辈，更是自欺欺人，大不应该。他希望人们真能效法天地自然而然的法则而存心用世，不必标榜高深而务求平实，才说出"天地不仁，以万物为刍狗。圣人不仁，以百姓为刍狗"的名言，借以警世。

老子当时所以菲薄圣人讥刺仁义，都是为了世间多假借圣人的虚名，以及伪装仁义的招牌。犹如近代和现代人，任意假托自由和民主为号召，实际是为了达成私欲的借口，醉心于独裁者如此，就连现在西式民主的真实内容，又何尝不是如此？举世滔滔，无可奈何。

多言數窮
不如守中

多言数穷，不如守中。

人世间的是非纷争，并无一个绝对的标准。"才有是非，纷然失心。"只有中心虚灵常住，不落在有无、虚实的任何一面，自然可以不致屈曲一边，了了常明，洞然烛照。这便是"多言数穷，不如守中"的关键。

老子所说的"多言数穷，不如守中"的话，并不完全是教人不可开口说话。只是说所当说的，说过便休，不立涯岸。不可多说，不可不说。便是言满天下无口过，才是守中的道理。

谷神不死

是謂玄牝

谷神不死，是谓玄牝。

"谷神"即空洞虚无而生妙有的功能，便是天地万物生命泉源的根本，取一个代名词，便叫它是"玄牝"。"玄牝"虽然中空无物，但却是孕育天地万物生命的窟宅，绵绵不绝，若存若亡。

其实，人身本来就是一个空谷，古人曾形容它叫臭皮囊，或臭皮袋，它是生命的所属，是生命的工具，并非生命永恒的所有。至于虚灵不昧，用之如神的生命元神，则借这往来只有一气如"橐籥"作用的空壳子以显灵。如能在一动一静之间，"寂然不动，感而遂通"，随时随地知时知量，知止知休，"吹毛用了急须磨"地"用之不勤"，"谷神"便自然不死。

何况死也只是一番大休大息的作用，死即有生。"谷神"本来就是不死的，又何必要你忙忙碌碌守护它，才能使此"谷神"不死呢？

縣々若存
用之不勤

绵绵若存，用之不勤。

用得太勤，便是多用、常用、久用。这样一来，就会违反"绵绵若存"的绵密的妙用了。那么，怎样才是"用之不勤"的道理？且让我们借用临济义玄禅师的一首诗偈，作为深入的说明。

沿流不止问如何？真照无边说似他。

离相离名人不禀，吹毛用了急须磨。

所谓沿流不止，是说我们的思想情绪、知觉感觉，素来都是随波逐流，被外境牵引着顺流而去，自己无法把握中止。如果能虚怀若谷，对境无心，只有反求诸己，自心反观自心，照见心绪的波动起灭处，不增不减，不迎不拒而不着任何阻力或助力，一派纯真似的，那么，便稍有一点像是虚灵不昧的真照用了。

总之，"道"，本来便是离名离相的一个东西，用文字语言来说它，是这样是那样都不对。修它不对，不修它也不对。但是在"绵绵若存"，沿流不止的功用上，却必须要随时随地照用同时，一点大意不得。

好比有一把极其锋利的宝剑，拿一根毫毛，挨着它的锋刃吹一口气,这根毫毛立刻就可截断。虽然说它的锋刃快利,无以复加,但无论如何,一涉动用,必有些微的磨损,即非本相,何况久用、勤用、常用、多用,那当然会使利剑变成了钝铁。所以说,即便是吹毛可断的利剑,也要一用便加修整。随时保养,才能使它万古常新,"绵绵若存"。

明 陈洪绶 停琴品茗图

天長地久

天地所以能長且久者

以其不自生

故能長生

**天长地久，天地所以能长且久者，
以其不自生，故能长生。**

　　天地能长且久而生长万物，在人们的眼光中，只从万物个体、小体的生命看来，有生又有死，好像是很不幸的事。但在天地长生的本位来说，生生死死，只是万物表层形相的变相。其实，万物与天地本来便是一个整体、同体的生命，万物的生死只是表层现象的两头，天地的能生能死的功能，并没有随生死变相而消灭，它本来便是一个整体的大我，无形无相，生而不生，真若永恒似的存在。如此而已。

聖人後其身而身先

外其身而身存

非以其無私耶

故能成其私

圣人后其身而身先，外其身而身存。
非以其无私邪？故能成其私。

《阴符经》说："天之至私，用之至公。"

这种理论，无异是说，大公与大私本无一定的界限。全体自私到极点，私极就是公。换言之，大公无私到极点，即是大私。不过，这样的大私，也可以叫它作大公了。因为大小粗细，公私是非，推理到了极点，都无一定的界限与标准。所有这些界限与标准，都是人为的分别而已。

得道的圣人能效法天地的法则立身处世，去掉自我人为的自私，把自己假相的身心摆在最后，把自我人为的身心看成是外物一样，不值得过分自私。只要奋不顾身，为义所当为的需要而努力做去，那么，虽然看来是自身的利益位居最后，其实恰好是一路领先，光耀千古。看来虽然是外忘此身而不顾自己，其实是自己把自己身存天下的最好安排。

所以，结论便说"非以其无私邪"，岂不是因为他的没有自私表现，"故能成其私"，所以便完成他那真正整体的、同体的大私吗？当然，这个"私"字和大私，也可以说是以幽默的相反词，反衬出真正大公无私的理念。

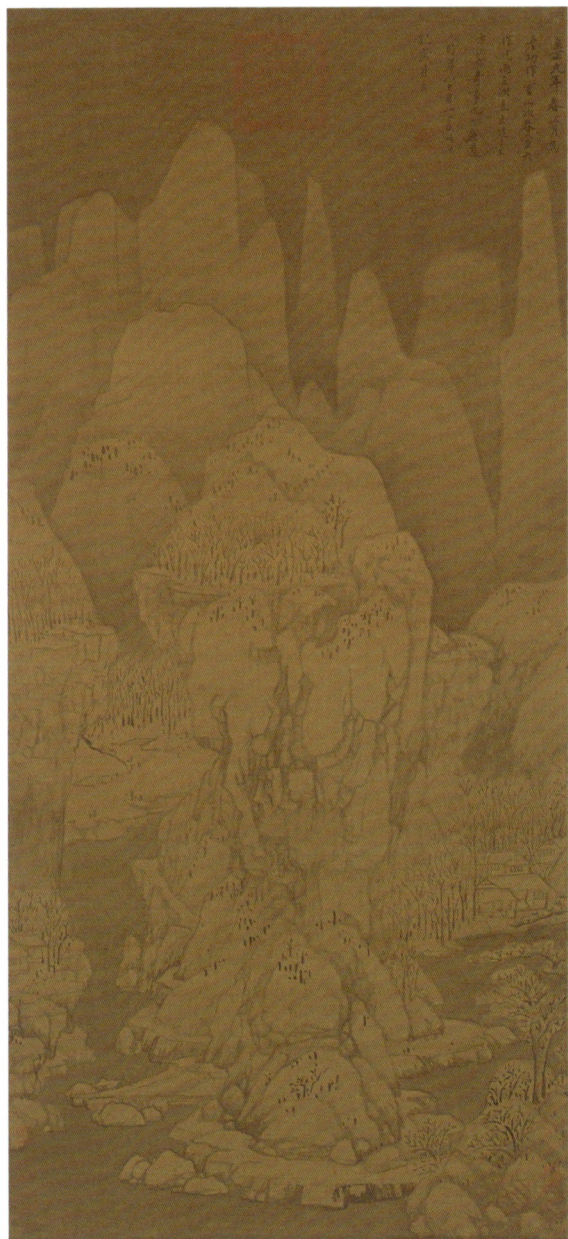

元 黄公望 九峰雪霁图

上善若水

水善利萬物而不爭

處眾人之所惡

故幾於道

上善若水，水善利万物而不争。
处众人之所恶，故几于道。

　　水，具有滋养万物生命的德性。它能使万物得它的利益，而不与万物争利。例如古人所说："到江送客棹，出岳润民田。"只要能做到利他的事，就永不推辞地做。

　　但是，它却永远不要占据高位，更不会把持要津。俗话说："人往高处爬，水向低处流。"它在这个永远不平的物质的人世间，宁愿自居下流，藏垢纳污而包容一切。所以老子形容它，"处众人之所恶，故几于道"，以成大度能容的美德。

　　因此，古人又有拿水形成的海洋和土形成的高山，写了一副对联，作为人生修为的指标："水唯能下方成海，山不矜高自及天。"

持而盈之

不如其已

持而盈之，不如其已。

一个人，真能对天道自然的法则有所认识，那么，天赋人生，已够充实。能够将生命原有的真实性，善加利用，因应现实的世间，就能优游余裕而知足常乐了。

如果忘记了原有生命的美善，反而利用原有生命的充裕，扩展欲望，希求永无止境的满足，那么，必定会遭来无限的苦果。还不如寡欲、知足，就此安于现实，便是最好的解脱自在。

这种观念的重点，在于一个"持"字的诀窍。能不能持盈而保泰，那就要看当事人的智慧了。

揣而鋭

不可長保

揣而梲之，不可长保。

　　"揣"，是比喻很突出，很尖锐的东西。"梲"，原本是梁上加梲的意思。用在这里，引申发挥，则和锐利的"锐"相通。一个人如果已经把握有锋锐的利器，但却仍然不满于现状，反要在锋刃上更加一重锐利，俗谚所谓"矢上加尖"，那么原有的锋刃就很难保了。

　　一个人对聪明、权势、财富等等，都要知时知量，自保自持。如果已有聪慧而不知谦虚涵容，已有权势而不知肥遁退让，已有财富而不知适可而止，最后终归不能长保而自取毁灭。

載營魄抱一

能無離乎

载营魄抱一，能无离乎？

　　思想的纷烦、情感的嚣动，常使自己魂灵营营困扰，常在放射消散之中，散乱不堪。体能的劳动、生活的奔忙，常使精魄涣散，不可收拾。如此这般，动用不休，不能持盈保泰，终至死亡而后已。

　　老子说，倘使人能将生命秉受中的营魄合抱为一，永不分离，便可得长生的希望了。

專氣致柔

能如嬰兒乎

专气致柔，能婴儿乎？

佛家自隋唐以来，由智者大师所创立天台宗的修持入门方法，便很注重用修气调息作为止观的入手法门，如《小止观》六妙门的数息、随息等基本方法。后来演变为天台宗山外的三十六步修炼气功程序，再传到了日本，便成为合气道、武士道等的功夫。又如西藏密宗的一部分修法，专门注重修气的成就，然后进到修脉、修光明而到达三昧真火的境界。总而言之，在人文的学术中，利用气息而修炼精神的，无非要做到"心息相依""心气合一"的程度，不谋而合于老子的"专气致柔，能婴儿乎"的原则。

其实，能从客观的立场研究养气或炼气之道，这种学理与方法，在春秋战国之间，确已普遍地流行。不但道家者流、方士等辈，讲究其术，即如祖述儒家的孟子，也大受其道的影响。而且从古至今，一般对于养气修心的工夫，确能修到纯粹精湛的，很少能超过孟子的程度。以下便是孟子对养气修心的进度，作确切恰当的报道：

可欲之谓善，有诸己之谓信，充实之谓美，充实而有光辉之谓大，大而化之之谓圣，圣而不可知之之谓神。（《尽心篇》）

孟子首先指出养气修心之道，虽爱好其事，但一曝十寒，不能专一修养，只能算是但知有此一善而已。必须要在自己的身心上有了效验，方能生起正信，也可以说才算有了征验的信息。由此再进而"充实之谓美"，直到"圣而不可知之之谓神"，才算是"我善养吾浩然之气"（《公孙丑篇》）的成功果位。至于"其生色也，睟然见于面，盎于背，施于四体，四体不言而喻"（《尽心篇》），那是属于"有诸己之谓信"与"充实之谓美"之间所呈现的外形现象而已。

假如将孟子这些养气修心的成就之说，拿来与老子的"专气致柔，能婴儿乎"作一对比研究，是否完全一致？可以说，从表面看来，第一，一简一繁，已有不同。第二，孟子的神化，与老子的婴儿，似乎又有形而上与形而下的差别。但是，老子的简易浅显，用婴儿的境界来形容神完神旺的情况，看来容易，其实大难。孟子的详述进度，看来愈到后来愈难，事实上，修到了"充实而有光辉"之后，却是图难反易了。

愛民治國

能無為乎

爱民治国，能无知乎？

真是天纵睿知的人，决不轻用自己的知能来处理天下大事，再明显地说，必须集思广益，博采众议，然后有所取裁。所谓知者恰如不知者相似，才能领导多方，完成大业。

真能用世而成不朽的功业，正因他能善于运用众智而成功其大智。

有之以為利

無之以為用

有之以为利，无之以为用。

　　无论是出世之道，与入世之用，必须要切实明白道在有无之间的窍妙。了解此理，才是真能懂得"利用安身"的大法则。

　　后来到了五代，道家的神仙才子谭峭，发挥了道家学术思想的物化原理，与老庄的学说合流，写了一本名著《化书》。其中有关物理之际，有无之间的妙用，阐发得隽永透辟之至，如说："搏空为块，见块而不见空，土在天地开辟后也。粉块为空，见空而不见块，土在天地混沌时也。神矣哉！"

　　理解透辟如谭子的深度，真可说是"神矣哉"！既然是"神矣哉"的境界，我们所说的都是狂言空话，不如就此煞住，无话可说了！

五色令人目盲

五音令人耳�]韻

五味令人口爽

五色令人目盲，
五音令人耳聋，
五味令人口爽。

像我们这一时代的人，以现代人的眼光来看，大半是由古老的农村社会出身，从半落后的农业社会里长大，经过数十年时代潮流的冲激，在艰危困苦中，经历多次的惊涛骇浪而成长。

从漫长曲折的人生道途上，一步一步走进科技密集、物质文明昌盛的今日世界。回首前尘，瞻顾未来，偶尔会发出思古之幽情，同时也正迷醉于物质文明的享受。

由自然科学的进步，发展到精密科技以来，声、光、电、化等的科技进步，促使声、色、货、利的繁荣。满眼所见，传闻所及，由父母所生、血肉所成的五官机能，好像都已走样。无论眼睛、耳朵、鼻子、嘴巴，不另加上一些物质文明的成品，反而犹如怪物似的，而且应用失灵，大有不能全靠本来面目应世之慨。因此反复忆及老子的话，常常使人低回有感，不胜惆怅。

寵辱若驚

宠辱若惊。

　　宠，是得意的总表相。辱，是失意的总代号。当一个人在成名、成功的时候，如非平素具有淡泊名利的真修养，一旦得意，便会欣喜若狂，喜极而泣，自然会有惊震心态，甚之，有所谓得意忘形者。

　　例如在前清的考试时代，民间相传一则笑话，便是很好的说明。有一个老童生，每次考试不中，但年纪已经步入中年了。这一次正好与儿子同科应考。到了发榜的一天，儿子看榜回来，知道已经录取，赶快回家报喜。他的父亲正好关在房里洗澡。儿子敲门大叫说：爸爸，我已考取第几名了！老子在房里一听，便大声呵斥说：考取一个秀才，算得了什么，这样沉不住气，大声小叫！儿子一听，吓得不敢大叫，便轻轻地说：爸爸，你也是第几名考取了！老子一听，便打开房门，一冲而出，大声呵斥说：你为什么不先说！他忘了自己光着身子，连衣裤都还没穿上呢！

　　"受宠若惊"，大家都有很多的经验，只是大小经历太多了，好像便成为自然的现象。相反的一面，便是失意若惊。在若干年前，我住的一条街巷里，隔邻有一家，便是一个主管官员，逢年过节，大有门庭若市之慨。有一年秋天，听说这家的主人，因事免职了，刚好接他位子的后任，便住在斜对门。到了中秋的时候，进出这条巷子送礼的人，照旧很多。有一天，前任主官的一个最小的孩子，站在门口玩耍，正好看到那些平时送礼来家的熟人，手提着东西，走向斜对门那边去了。孩子天真无邪的好心，大声叫着说：某伯伯，我们住在这里，你走错了！弄得客人好尴尬，只有向着孩子苦笑，招招手而已。有人看了很寒心，特来向我们说故事，感叹"人情冷暖，世态炎凉"。我说，这是古今中外一例的世间相，何足为奇。

我们幼年的课外读物《昔时贤文》，便有："有酒有肉皆兄弟，患难何曾见一人？""贫居闹市无人问，富在深山有远亲。"不正是成年以后，勘破世俗常态的预告吗？在一般人来说，那是势利。

其实，人与人的交往，人际事物的交流，势利是其常态。纯粹只讲道义，不顾势利，是非常的变态。物以稀为贵，此所以道义的绝对可贵了。

有关人生的得意与失意、荣宠与羞辱之间的感受，古今中外，在官场，在商场，在情场，都如剧场一样，是看得最明显的地方。以男女的情场而言，如所周知唐明皇最先宠爱的梅妃，后来冷落在长门永巷之中，要想再见一面都不可能。世间多少的痴男怨女，因此一结而不能解脱，于是构成了无数哀艳恋情的文学作品！因此宋代诗人便有"羡他村落无盐女，不宠无惊过一生"的故作解脱语！无盐是指齐宣王的丑妃无盐君，历来都把她用作丑陋妇女的代名词。其实，无盐也好，西施也好，不经绚烂，哪里知道平淡的可贵。不经过荣耀，又哪里知道平凡的可爱。这两句名诗，当然是出在久历风波，遍尝荣华而归于平淡以后的感言。从文字的艺术看来，的确很美。但从人生的实际经验来讲，谁又肯"知足常乐"而甘于淡泊呢！除非生而知之的圣哲如老子等辈。其次，在人际关系上，不因荣辱而保持道义的，诸葛亮曾有一则名言，可为人们学习修养的最好座右铭，如云：势利之交，难以经远。士之相知，温不增华，寒不改叶，贯四时而不衰，历夷险而益固。

吾所以有大患者

為吾有身

及吾無身

吾有何患

吾所以有大患者，为吾有身。
及吾无身，吾有何患？

人生宠辱境界的根本症结所在，都因为我有身而来。

在我们的人生名言里，时常听到人们劝告别人的话，如"身外之物，何足挂齿"。由于得意而受到的荣宠，与失意所遭遇的羞辱来讲，利害、得失，毕竟还只是人我生命的身外之物，在利害关头的时候，慷慨舍物买命，那是很常见的事。除非有人把身外物看得比生命还更重要，那就不可以常理论了！

前十多年，有一个学生在课堂上问我，爱情哲学的内涵是什么？我的答复，人最爱的是我。所谓"我爱你"，那是因为我要爱你才爱你。当我不想，或不需要爱你的时候便不爱你。因此，爱，便是自我自私最极端的表达。其实，人所最爱的既不是你，当然更不是他人，最爱的还是我自己。

那么，我是什么？是身体吗？答案：不是的。当你患重病的时候，医生宣告必须去了你某一部分重要的肢体或器官，你才能再活下去。于是，差不多都会同意医生的意见，宁愿忍痛割舍从有生命以来，同甘共苦，患难相从的肢体或器官，只图自我生命的再活下去。由此可见，即使是我的身体，到了重要的利害关头，仍然不是我所最亲爱的，哪里还谈什么我真能爱你与他呢！

如果从修习神仙养生之道来讲，要修到无身境界，确已不易。但无"身"之患，也未必能彻底进到"无我"的成就。何况一般笃信老子之道者，还正在偏重虚心实腹，大做身体上气脉的工夫，正被有身之患所累呢！所以宋代的南宗神仙祖师张紫阳真人便有"何苦抛身又入身"之叹！至于说，如何才能修到无"身"之累？那就应该多从"存神返视""内照形躯"入手，然后进入"外其身而身存"的超神入化境界，或者可以近似了！

宠辱的发生，都由于我有我身之累而来，"及吾无身，吾有何患"。那么便知在现实世界中，所谓我与无我之间的关键，只因有此身的存在而受累无穷。但我身是血肉之躯，血肉的生理状态，也便是物理的造化而来。因此便进一步说明心物一元的形而上与形而下的理则，隐约之间，仍然是顺理成章，大有脉络可循。这也便是道家学说，始终从生理物理入手而到达形而上的特殊之处，大异于后世的儒家与佛家的理趣所在。

元 吴镇 芦花寒雁图

執古之道

以御今之有

能知古始

是謂道紀

执古之道，以御今之有。
能知古始，是谓道纪。

    它本是无始无终的，但在人文的观察上，勉强分别它有始有终，有去有来，有古有今的界别。因此，以无始之始，姑且命名它为上"古"。无始不可得，上古不能留，只需切实把握现在的今天，便可体认"风月无今古，情怀自浅深"的真谛。"执古之道，以御今之有。"但切勿忘了它是无古今、无终始的本相，这样，便可把握到道的纲要了，"能知古始，是谓道纪"。

    古灵神赞禅师悟道以后，有一天，看到他的受业本师在窗下看经，正好有一只蜂子飞投纸窗钻不出来。古灵便趁机说："世界如许（这样）广阔，不肯出。钻他故纸驴年去（驴年，是代表永远没有这一年的意思。因地支十二生肖里没有驴）。"遂说偈曰："空门不肯出，投窗也大痴。百年钻故纸，何日出头时。"他的受业本师，因此启发而终于大彻大悟。后人对于这个学案，又写了一首诗偈说："蝇爱寻光纸上钻，不能透过几多难。忽然撞着来时路，始信平生被眼瞒。"

    人活老了，便可知道有许多人间世事，被自己耳目所欺骗，被自己情感主观所蒙蔽的，非常之多。既然自己的耳目亦难全信尽为真实，只有用心体会历史法则的"执古之道，以御今之有。能知古始，是谓道纪"才较为切实得当。

同样的道理，相反的表达，便有子思在《中庸》篇中所谓的"生乎今之世，反古之道。如此者，灾及其身者也"。其实子思与老子一样，极其重视历史哲学与历史经验的因果法则，鄙薄"予智自雄""师心自用"的但重"察察之明"的不当。由此而反照今日世界，普遍都靠耳目收集资料，作为统计的政治方针。甚之，凭借电脑统计的资料以定人事的管理。

明 陈洪绶 蕉林酌酒图

古之善為士者

微妙玄通

深不可識

70

古之善为士者，微妙玄通，深不可识。

　　一个读书人，必须在学识、智慧与道德的修养上，达到身心和谐自在，世出世间法内外兼通的程度，符合"微妙玄通，深不可识"这八个字的原则，才真正够资格当一个"士"。

　　"妙"的境界勉强来说，万事万物皆能恰到好处，不会有不良的作用。正如古人的两句话："圣人无死地，智者无困厄。"一个大圣人，再怎么样恶劣的状况，无论如何也不会走上绝路。一个真正有大智慧的人，根本不会受环境的困扰，反而可从重重困难中解脱出来。

篠芳岩冬涉川

豫兮若冬涉川。

一个真正有道的人，做人做事决不草率，凡事都先慎重考虑。

"豫"，有所预备，也就是古人所说"凡事豫立而不劳"。一件事情，不经过大脑去研究，贸然就下决定，冒冒失失地去做、去说，那是一般人的习性。"凡事都从忙里错，谁人知向静中修。"学道的人，因应万事，要有非常从容的态度。

做人做事要修养到从容豫逸，"无为而无不为"。

"无为"，表面看来似没有所作所为，实际上，却是智慧高超，反应迅速，举手投足之间，早已考虑周详，事先早已下了最适当的决定。看他好像一点都不紧张，其实比谁都审慎周详，只因为智慧高，转动得太快，别人看不出来而已。并且，平时待人接物，样样心里都清清楚楚，一举一动毫不含糊。这种修养的态度，便是"豫立而不劳"的形相。

做人处事，必须要小心谨慎战战兢兢的。

虽然"艺高人胆大"，本事高超的人，看天下事，都觉得很容易。例如说，拿破仑的字典里没有"难"字。事实上，正因为拿破仑目空一切，终归失败。如果是智慧平常的人，反而不会把任何事情看得太简单，不敢掉以轻心；而且对待每一个人，都当作比自己高明，不敢贡高我慢。

猶兮若畏四鄰

犹兮若畏四邻。

"犹"是猴子之属的一种动物，和狐狸一样，它要出洞或下树之前，一定先把四面八方的动静看得一清二楚，才敢有所行动。修道的人在人生的路程上，对于自己，对于外界，都要认识得清清楚楚。

如同犹一样，好像四面八方都有情况，都有敌人，心存害怕，不得不提心吊胆，小心翼翼。就算你不活在这个复杂的社会里，或者只是单独一个人走在旷野中，总算是没有敌人了吧！然而这旷野有可能就是你的敌人，走着走着，说不定你便在这荒山野地跌了一跤，永远爬不起来。所以，人生在世就要有那么地小心。

儼乎其若容

俨兮其若容。

一个修道的人，待人处事都很恭敬，随时随地决不马虎。子思所著的《中庸》，所谓的"慎独"，恰有类同之处 。一个人独自在夜深人静的时候，虽然没有其他的外人在，却也好像面对祖宗，面对菩萨，面对上帝那么恭恭敬敬，不该因独处而使行为荒唐离谱，不合情理。

什么叫作"礼"？并不一定是要你只管叩头礼拜的那种表面行为。《礼记》第一句话："毋不敬，俨若思"，真正礼的精神，在于自己无论何时何地，皆抱着虔诚恭敬的态度。处理事情，待人接物，不管做生意也好，读书也好，随时对自己都很严谨，不荒腔走板。

渙于若冰将釋

涣兮若冰之将释。

　　春天到了，天气渐渐暖和，冰山雪块遇到暖和的天气就慢
慢融化、散开，变成清流，普润大地。我们晓得孔子的学生形
容孔子"望之俨然，即之也温"，刚看到他的时候，个个怕他，
等到一接近相处时，倒觉得很温暖，很亲切。

敦弓其苕樸

敦兮其若朴。

一个修道人的一言一行，一举一动，也要非常厚道老实，朴实不夸。像一块石头，虽然里面藏有一块上好宝玉，或者金刚钻一类的东西，但没有敲开以前，别人不晓得里面竟有无价之宝。

表面看来，只是一个很粗陋的石块。或者有如一块沾满灰泥，其貌不扬的木头，殊不知把它外层的杂物一拨开来，便是一块可供雕刻的上等楠木，乃至更高贵、更难得的沉香木。若是不拨开来看，根本无法一窥究竟。

曠兮其若谷

旷兮其若谷。

修道有成的人，脑子是非常清明空灵的。如同山谷一样，空空洞洞，到山谷里一叫，就有回声，反应很灵敏。为什么一个有智慧的人反应会那么灵敏？因为他的心境永远保持在空灵无着之中。心境不空的人，便如庄子所说："夫子犹有蓬之心也夫"，整个心都被蓬茅塞死了，等于现在骂人的话："你的脑子是水泥做的，怎么那样不通窍。"整天迷迷糊糊，莫名其妙，岂不糟糕！心中不应被蓬茅堵住，而应海阔天空，空旷得纤尘不染。道家讲"清虚"，佛家讲"空"，空到极点，清虚到极点，这时候的智慧自然高远，反应也就灵敏。

渾兮其若濁

浑兮其若浊。

真正有道之士,用不着刻意表示自己有道,自己以为了不起。用不着装模作样, 故作姿态。本来就很平凡, 平凡到混混浊浊, 没人识得。

孰能濁以靜之徐清

孰能安以動之徐生

保此道者不欲盈

88

孰能浊以静之徐清，
孰能安以动之徐生。
保此道者不欲盈。

生长在世局纷乱，动荡不安的时代里，我们静的修养怎样能够做到呢？这相当困难，尤其现代人，身处二十世纪末叶，二十一世纪即将来临的时代。人类内在思想的紊乱，和外在环境的乱七八糟，形成正比例的相互影响，早已不是"浊世"一词便能交代了事了。什么"交通污染""噪音污染""工业污染""环境污染"等等后患无穷的公害，又有谁能受得了？

因此，"孰能浊以静之徐清"，谁却能够在浊世中慢慢修习到身心清静？这在道家有一套经过确实验证的方法与工夫。譬如，一杯混浊的水，放着不动，这样长久平静下来，混浊的泥渣自然沉淀，终至转浊为清，成为一杯清水，这是一个方法。

然而，由浊到静，由静到清，这只是修道的前三个阶段，还不行。更要进一步，"孰能安以"，也就同佛家所讲的修止修观，或修定的工夫，久而安于本位，直到超越时间空间的范围，然后才谈得上得道。这等于儒家的曾子所著的《大学》中注重修身养性的程序，"知止而后有定，定而后能静，静而后能安，安而后能虑，虑而后能得"是同一个路线，只是表达不同而已。如果我们站在道家的立场，看儒道两家的文化，可套句老子的话作结论："此二者同出而异名。"

然而，由浊起修，由静而清，由清而安，这还只是修道的一半，另一半"动之徐生"，才是更重要的。否则，那只不过是小乘的境界罢了。只管自己，未能积极济世，自己一个人躲到山上静坐一万年，那又与庞大的人群有何相干？因此，还得"安以动之徐生"，由道体上起种种妙用。此处的"动"，不是盲从乱动，不是浊世中人随波逐流的动，不是"举世多从忙里错"的乱动。世上许多人钻营忙碌了一辈子，究竟为谁辛苦为谁忙？到头来自己都搞不清楚。真正的动，是明明白白而又充满意义的"动之徐生"，心平气和，生生不息。我们也可以说一句俏皮话，这就是老子的秘密法宝吧！老子把做工夫的方法，修养的程序与层次都说了，告诉你在静到极点后，要能起用、起动。动以后，则是生生不息，永远长生。佛家说"无生"，道家标榜"长生"，耶稣基督则用"永生"，但都是形容生命另一重意义的生生不已。只是在老子，他却用了一个"徐生"来表达。

"徐生"的涵义，也可说是生生不息的长生妙用，它是慢慢地用。这个观念很重要。等于能源一样，慢慢地用，俭省地用，虽说能源充满宇宙，永远存在，若是不加节制，乱用一通，那只是自我糟蹋而已。"动之徐生"，也是我们做人做事的法则。道家要人做一切事不暴不躁，不"乱"不"浊"，一切要悠然"徐生"，慢慢地来。态度从容,怡然自得,千万不要气急败坏,自乱阵脚。这也是修道的秘诀,不一定只说盘腿打坐才是。做人做事,且慢一拍,就是道理。不过,太懒散的人不可以慢,应快两拍,否则本来已是拖拖拉拉要死不活,为了修道,再慢一拍,那就完了,永远赶不上时代,和社会脱了节。

"徐生"是针对普通一般人而言,尤其这个时代,更为需要。社会上,几乎每一个人都是天天分秒必争,忙忙碌碌,事事穷紧张,不知是为了什么,好像疯狂大赛车一样,在拼命玩命。所以更要"动之徐生"。如果做生意的话,便是"动之徐赚"。慢慢地赚,细水长流,钱永远有你的份;一下赚饱了,成了暴发户,下次没的赚,这个生意就不好玩了。"动之徐生",所可阐述的意义很多,可以多方面去运用。浅显而言,什么是"动之徐生"的修道工夫?"从容"便是。

生命的原则若是合乎"动之徐生",那将很好。任何事情,任何行为,能慢一步蛮好的。我们的寿命,欲想保持长久,在年纪大的人来说,就不能过"盈"过"满"。对那些年老的朋友,我常告诉他们,应该少讲究一点营养,"保此道者不欲盈",凡事做到九分半就已差不多了。该适可而止,非要百分之百,或者过了头,那么保证你适得其反。

比方年轻人谈恋爱,应该懂得恋爱的哲学。凡是最可爱的,就是爱得死去活来爱不到的。且看古今中外那些缠绵悱恻的恋爱小说,描写到感情深切处,可以为他殉情自杀,可以为他痛哭流涕。但是，真在一起了，算算他们你侬我侬的美满时间，又能有多久？即便是《红楼梦》，也不到几年之间就完了，比较长一点的《浮生六记》，也难逃先甜后惨的结局。所以人生最好的境界是"不欲盈"。虽然有那永远追求不到的事，却同李商隐的名诗所说："此情可待成追忆，只是当时已惘然。"岂非值得永远闭上眼睛，在虚无飘渺的境界中，回味那似有若无之间，该多有余味呢！不然，睁着一双大眼睛，气得死去活来，这两句诗所说的人生情味，就没啥味道了。

中国文化同一根源，儒家道理也一样。《书经》也说："谦受益，满招损。""谦"字亦可解释为"欠"。万事欠一点，如喝酒一样，欠一杯就蛮好，不醉了，还能惺惺寂寂，脑子清醒。如果再加一杯，那就非丑态毕露，丢人现眼不可——"满招损"。又如一杯茶，八分满就差不多了，再加满十分，一定非溢出来不可。

大家千万注意老子的话，吉事怎样方得长久？有财富如何保持财富？有权利如何保持权利？这就要做到"不欲盈"。曾有一位朋友谈到人之求名，他说有名有姓就好了，不要再求了，再求也不过一个名，总共两个字或三个字，没有什么道理。

元 吴镇 渔父图

致虛極

守靜篤

致虚极，守静笃。

《老子》及一切道家学神仙丹道的经论，合成《道藏》，有八千余卷之多，《老子》只是其中一卷，看是看不完的。你若读完，准有发疯的可能。但我全读完了，却没有发疯。看过以后，我明白了这一卷所谓的"那个"，就是那一卷所说的"这个"，自然而然加以融会贯通。大概地说，八千多卷的《道藏》，根本离不开老子的六个字："致虚极，守静笃。"

"虚"差不多等于佛家的"空"，有些道家"丹经"上干脆也用空，那是唐、宋以后丹书受了佛家影响的缘故。

以往的道家只有"清"与"虚"两个字。"清"是形容那个境界，而"虚"则是象征那个境界的空灵，二者其实是一回事。"致"是动词，是做到、达到；"致虚极"，要你做到空到极点，没有任何染污。至于空到极点是个什么样子呢？若还有个样子就不叫空了。空没得个相貌可寻。

而"守静笃"讲的是工夫、作用，硬要你专一坚持地守住。且用禅宗黄龙南禅师的几句形容词："如灵猫捕鼠，目睛不瞬，四足据地，诸根顺向，首尾直立，拟无不中。"一只精灵异常的猫，等着要抓老鼠，四只脚蹲在地上，头端正，尾巴直竖起来，两颗锐利的眼珠直盯即将到手的猎物，聚精会神，动也不动，随时伺机一跃，给予致命的一击。这是形容一个参禅的人，参话头，做工夫，精神集中，心无旁骛的情况。不如此，道功无法成就。

禅宗大师们另外还有个比喻："如鸡之孵卵。"这就不像猫捕老鼠，瞪眼张爪，蓄势待发了。而是闭着眼睛，迷迷糊糊，天塌下来都不管，你踢它一脚，它叫也不叫，理也不理，只是死心眼直守着那个心肝宝贝的鸡蛋。这样也是一种修定的工夫，也是形容虚到极点，静到极点，相同老子所说的"致虚极，守静笃"这六字真言。这六字，已经把所有修道做工夫的方法，与修道的境界、层次，都说完了。世界上各宗各派、各式各样的修道方式，都是为了达到这个目的。

南宋 马远 寒江独钓图

萬物並作

吾以觀其復

万物并作，吾以观复。

"复"是回头的来路，生命的力量，本是无穷无尽，一直保留在那里，永远不生不灭。

有志向道的人，不是鲁莽地横冲直撞，向前穷进，而是回头走，走到生命来源之处。

禅宗后世的惯用语"还我本来面目"，可当参考，作为此话的注解。

真发现自己本来面目，明心见性，便开始接上那生命本具、源源不断、庞大无比的能源。

復命曰常

知常曰明

常曰明

不知常妄作凶

复命曰常，知常曰明。

不知常，妄作，凶。

　　找到了生命的根源，便能"不生不死"，永远常在，永远存在。

　　你体会到生命根源是不生不灭，那就叫作明道，成了明白人，再也不懵懵懂懂，迷迷糊糊了。

　　如果人不明白道的根本，不明白生命的本来，乱作妄为，必然大凶大害，没有好结果。不知生命真理所在，莫名其妙，乱用道体，下场的危险性，自不待言。

知常容，乃公

知常容，容乃公。

把握住道的本源，才懂得做人，才懂得做事。

知"常"便能"容"，胸襟可以包容万象，盖天盖地。因为有此胸襟，智慧的领域扩大，不可限量，故说"容乃公"，自然做到天下为公，毫无私心。

太上

下知有之

太上，下知有之。

"太上"，是太过多情又似忘情之道，只有"下知有之"。所谓"下知有之"的意义，是说有一种下等人，我们认为他很笨，其实他倒是真智慧，早已领悟到"道"的人。

真正的哲学家，都出在乡曲地方，虽然一辈子没读过书，真同一个大哲学家、大思想家，当他遭遇到痛苦时，就痛痛快快哭一阵，想想自己命苦就算了。

我有时常有此感触，尤其在偏远的落后地区，看到茅屋破寮里头，有些老人家，穿得破破烂烂，食不果腹，有一餐没一餐的，日子苦死了。你问他："为什么不住儿子家养老？"他很轻松回答说："我这一生注定命苦，只有认命！"真令人听了肃然起敬。他比谁都懂得人生哲学，"认了"就好了。

实际上，我们认为最下愚的人，往往才是真正第一等的修道人。要不然，需要有真正智慧超越的人才能修道。

我经常说，有二种人可以学禅。一种是一个字也不认得，像张白纸，本身很容易修道开悟。另一种硬要智慧透彻，聪明绝顶才行。像我们这些不上不下的半吊子，半通不通的，最要不得，修道往往一无所成。

明 文徵明 真赏斋图

猶亻其貴言

切成事逐

百姓皆謂我自然

悠兮其贵言，功成事遂，
百姓皆谓我自然。

　　道是天地的公道。学道并没有什么秘密的，只要你程度够，诚心向学，一定便可得道。道为天下所共有，既不属于你，也不属于我，若你懂得的话，方知本来属于你，也属于大家，不是某一个人享受的禁脔。千万别认为真理只在自己这边，非要求道求法的人巴结你，向你磕头行礼才能传道。我认为这种作风，是作践自己，多没意思。

　　道不藏私，但却"悠兮其贵言"。"悠兮"是悠然自得，所谓"其贵言"的意思，却很难说得清楚。"贵言"，不是说应该很宝贵地告诉你这个意思，而是再怎样高明的语言文字，都很难形容出道的境界。那么，道在何处见？——在行为上、现象上见。道的本体，无形无相，"说似一物即不是"，不能用世间名相来界定它。"有生于无"，宇宙万物就从这"清虚空灵"的"无"中建立起来，故曰"功成事遂"。

　　一个修道人真通达了道，才能看透道的表达作用，才能认识道的本来面目，和如何创造千变万化的宇宙事物。道体所表达出来的东西，只是其第二重的影子而已。我们要认识它的根本，只好在这第二重的投影上，在这道体所创造出来的事功上去了解。这个事功尚分二重意义。依儒家世间的学问，即平常我们所讲事业的成就，比如，学科学应该有所发明。你学什么？学物理，那你还在学习阶段，不是物理学家，更不是物理科学家。你学化学，那也不算化学家，或者化学科学家。那开始发明，发明物理或化学原理的，才算摸到宇宙科学的真髓，而由当中表达出一套事物的规则，再由这套理论科学的规则中，进一步发展应用科学的实用技术，生产出令人目不暇给的生活用品，利益世人，或者伤害世人。

如此，学道，学世间各种知识，都是一层一层地进到内部的核心，也都一层一层由内部核心，表现出具体的功用来。这之间层次深浅的不同，事功的大小也就有别。这是"功成事遂"。

等到事情有所成就，"百姓皆谓我自然"。等你的事功表达出来，久而久之，大家习惯成自然，就说这本来就合于自然之道，没有什么好大惊小怪的。道是自然而有的，可是我们一般人要回转到这道的本来境界上，那是有的修的。

五月莲房寒浦頭，長年尺柄揮牟流縦参遊浮，西施面遽浮泛蹹凌葉下　天池溯士

明　徐渭　五月莲花图

大道癈有仁義

智惠出有大偽

大道废，有仁义。
慧智出，有大伪。

慧智与奸诈，乃一体两面，一线之隔。聪明与狡猾，老实与笨蛋，根本是息息相关的孪生兄弟。诚实的智慧合于"道"，用之于世，为人类社会谋福造利，那就对了，名之为"德"。道是体，德是用。然而，诚实虽是好事，若是用不得当，那也会适得其反，坏了事情。

老子这段话，千万不要随随便便看过。近几十年来，我发现有人研究老子，读了此章之后，不作深入一层的体会，便骤下错误的评语说，老子反对仁义，反对智慧，反对做忠臣，反对做孝子。这不曲解得太严重了吗！其实老子并不反对这些，他只是要我们预防其中可能产生的不良作用而已。

每一件事，皆有其正反两面，我们同时必须考虑到。或者时间久了，思想搞不通，走了样；或者某一个观念流行多年，时迁境移，已不合宜，并且流弊丛生，失其原意，这就要懂得《大学》的"苟日新，日日新，又日新"的道理了，此时必须知道变通。所以，老子的思想与《易经》的思想是一样的，都在一个"变"字。

絶聖棄智

绝圣弃智。

不以圣人为标榜，不以修行为口号，只要老老实实、规规矩矩做人，那便是真修道。

見素抱樸

见素抱朴。

　　思想纯洁无瑕，不落主观的偏见。平常做事，老老实实，当笑即笑，当哭即哭。哭不是为了某个目的，哭给别人看；笑不是因为他讲一句笑话，我不笑对不起他，只好矫揉造作咧开嘴巴，露出牙齿装笑。这就不是"见素抱朴"的生命境界。

絶學無憂

绝学无忧。

绝学就是不要一切学问,什么知识都不执着,人生只凭自然。

修道成功,到达最高境界,任何名相、任何疑难都解决了、看透了,"绝学无忧",无忧无虑,没有什么牵挂。这种心情,一般人很难感觉得到。

尤其我们这一些喜欢寻章摘句、舞文弄墨的人,看到老子这一句话,也算是吃了一服药。爱看书、爱写作,常常搞到三更半夜,弄得自己头昏脑涨,才想到老子真高明,要我们"绝学",丢开书本,不要钻牛角尖,那的确很痛快。可是一认为自己是知识分子,这就难了,"绝学"做不到,"无忧"更免谈。"读历史而落泪,替古人担忧",有时看到历史上许多事情,硬是会生气,硬是伤心落下泪来,这是读书人的痛苦毛病。

其实,"绝学无忧"真做到了,反能以一种清明客观的态度、深刻独到的见解,服务社会,利益社会。

唯之與阿

相去幾何

唯之与阿，相去几何？

"唯"与"阿"两字，是指我们讲话对人的态度，将二者译成白话，在语言的表达上都是"是的"。但同样"是的"一句话，"唯"是诚诚恳恳的接受，"阿"是拍马屁的应对，不管事实对或不对，一味迎合对方的意见。

然而，真理是没有讨价还价的余地，不能随便将就别人，做顺水人情的。尤其是做学问，汉儒辕固生就骂过汉武帝的丞相公孙弘说："公孙子，务正学以言，无曲学以阿世。"一个读书人，不可在学问上、思想上、文化上将就别人，附和别人，为了某种私利拐弯抹角，那就不对了，儒家非常重视读书人这一点的基本人格。

善之與惡

相去何若

善之与恶，相去若何？

善与恶若是往深一层去观察，那也许是划分不出距离的。善恶之间，很难分辨。往往做了一件好事，反而得到恶果。据我个人的人生经验，以为以前救过的人，现在想想，倒觉得是件坏事。因为他们以后继续活下去的那种方式，反而是伤害到其他更多的人。所以，善与恶的分际，简直难以捉摸。

荒兮其未央哉

荒兮其未央哉。

"荒"是形容词，像荒原大沙漠一样，面积广大无边，永远没有尽头。

这句话应作什么解呢？——《易经》最后一卦"未济"。我们看看历史，看看人生，一切事物都是无穷无尽，相生相克，没有了结之时。

明末崇祯年间，有个人画了一幅画，上面立着一棵松树，松树下面一块大石，大石之上，摆着一个棋盘，棋盘上面几颗疏疏落落的棋子，除此之外，别无他物，意境深远。后来有个人拿着这幅画，来请当时的高僧苍雪大师题字。苍雪大师一看，马上提起笔来写道：

松下无人一局残，空山松子落棋盘。

神仙更有神仙着，毕竟输赢下不完。

这一首诗，以一个方外之人超然的心境，将所有人生哲学、历史哲学，一切的生命现象，都包括尽了。人生如同一局残棋，你争我夺，一来一往。就算是传说中的神仙，也有他们的执着，

也有他们一个比一个高明之处。这样一代一代，世世相传，输赢二字永远也没有定论的时候。

苍雪大师这首名诗，相当能够表达老子"荒兮其未央哉"的意思。

清 龚贤 千岩万壑图（局部）

乘乘兮若無所歸

眾人皆有餘

我獨若遺

儽儽兮若无所归，众人皆有余，而我独若遗。

"儽儽"，如同孔子在《易经》上说的"确然而不可拔"，自己站在那里，顶天立地，如一座高山，不可动摇。

"无所归"，也就是孔子所言，"君子不器"，不自归于任何典型。你说他是个道人，却又什么都不像，无法将他归于某一种范围，加以界定。

而"众人皆有余"，世上的人，都认为自己了不起，拼命追求，什么都想占有；而我什么都不要，"遗世而独立"，好像世界上的人，都忘了我一样。

俗人昭昭
我獨若昏
俗人察察
我獨悶悶

俗人昭昭，我独昏昏，
俗人察察，我独闷闷。

"昭昭"，就是高明得很，什么事都很灵光的样子。一般俗人都想这么高人一等。相对地，"我独昏昏"，修道人不以为聪明才智高人一等，给人看起来，反是平凡庸陋，毫无出奇之处。"我独昏昏"，同时也说明了修道人的行为虽是入世，但心境是出世的，不斤斤计较个人利益，因此给别人看成傻子。

普通人对任何小事都很精明，事事精打细算，但是我倒是"闷闷"笨笨的，外表"和光同尘"，混混沌沌，而内心清明洒脱，遗世独立。你们要聪明，就让你们去聪明，你们到处吹毛求疵，斤斤计较，但我倒是无所谓，视而不见。

如此，俗人有俗人的生活目的，道人有道人的生命情调。

眾人皆有以，我獨頑似鄙

众人皆有以，而我独顽且鄙。

一般人对人生都"有以"，都有目的，或求升官发财，或求长命百岁。而以道家来讲，人生是没有目的的，亦就是佛家所说"随缘而遇"，以及儒家所说"随遇而安"的看法。

但是老子更进一步，随缘而遇还不够，还要"顽且鄙"。"顽"，是非常有个性，永远坚持不变。"鄙"，就更难做到了，所有的言谈举止，非常给人看不起，糟糕透了。譬如，民间流传已久的《济公传》，其中主角济公和尚，他时常弄些狗肉吃吃，找点烧酒喝喝，疯疯癫癫，冥顽不灵，人们都瞧他不起。你说他是疯子吗？他又好像清楚得很，你说他十三点，有些事却又正经八百。一下由这庙趱过来，一下被那庙趱过去，个个庙子都不欢迎他住。"鄙"到这等地步，他却是最解脱、最不受限制的人。这一点，一般凡夫是难以理解的。

我獨異於人

而貴求食於母

我独异于人，而贵食母。

处世态度虽然和众人不同，却不是标新立异，惊世骇俗。这乃因为自己"贵食母"，"母"字代表生我者，也就是后世禅宗说的"生从哪里来，死向何处去"的生命本来。"贵食母"意即死守善道，而还我本来面目，永远回归到生母的怀抱——道的境界中去。

孔德之容

惟道是從

孔德之容，惟道是从。

一个真正有道德修养的人，他的内涵，只有一个东西——"道"。

"惟道是从"，二六时中，随时随地，每分每秒，都在要求自己合于道的原则，起心动念，一言一行，无有稍微违反道业。

曲則全

曲则全。

为人处事，善于运用巧妙的曲线只此一转，便事事大吉了。换言之，做人要讲艺术，便要讲究曲线的美。骂人当然是坏事。例如说："你这个混蛋！"对方一定受不了，但你能一转而运用艺术，你我都同此一骂，改改口气说："不可以乱搞，做错了我们都变成豆腐渣的脑袋，都会被人骂成混蛋！"那么他虽然不高兴，但心里还是接受了你的警告。若说："你这个混蛋，非如此才对"，这就不懂"曲则全"的道理了。所以，善于言辞的人，讲话只要有此一转就圆满了，既可达到目的，又能彼此无事。若直来直往，有时是行不通的。

不过曲线当中，当然也须具有直道而行的原则，老是转弯，便会滑倒而成为大滑头了。所以，我们固有的民俗文学中，便有"莫信直中直，须防仁不仁"的格言。总之，曲直之间的"运用之妙，存乎一心"。

聖人抱一為天下式

圣人抱一为天下式。

老子说：自古以来，有道的人——圣人，必是"抱一为天下式"，确然而不可拔，固守一个原则以自处。但是，什么叫"一"？"一"者，道也。

人生于世，做人做事，要有一个准则，例如现在很多青年同学，并不如此。问到他们的人生观是什么，他们都茫然不知所对。许多读到大专毕业的同学，甚至拿到硕士、博士的人，谈到他们的人生观，总是说还没有确定。你做木匠就做木匠，做泥水工就做泥水工，当皇帝与做泥水工，只是职业上的不同，人格则仍然是一样的。人要认定一个人生的目标，确定自己要做什么。要做一个学者，就准备穷一辈子，如果又怕穷，又想当学者，几乎是不可兼得，无法两全的事。但是人生观总是要有个确定的目标才对。所以"圣人抱一为天下式"是为至要。

不自見故明　不自是故彰　不自伐故有功　不自矜故長

不自见故明，不自是故彰，
不自伐故有功，不自矜故长。

"不自见故明"，人本来要随时反省，使自己看见自己才好，为什么在这里却说要"不自见故明"呢？这是说，要人不可固执自己主观的成见，执着了自己的主观成见,便同佛家所说的"所知障"，反为自障了！因为自有主观成见，就无法吸收客观的东西，因此而说"不自见故明"。尤其对一个当领导的人来讲，千万不要轻易犯了这个错误，即如一个公司的老板、董事长，一旦事业成就，便不可得意忘形，须有"不自见"，才能更加明白事理。有人说，老庄是帝王学，是伟大的领导术，也许重点就在这些至理名言中。当一个领导群众的人，千万不可有"自见"，需要多听听别人的意见，把所有的智慧，集中为你自己的智慧，你的智慧就更大了。那就合乎"不自见故明"的道理了。

"不自是故彰"，"自是"与"自见"差不多是同一个道理，但同中有异。"自是"是主动地认为我一定都对的，我的绝对没有错。譬如现在的人，喜欢引用拿破仑说的："拿破仑的字典里没有难字。"乍听很有气魄似的，其实，拿破仑就太"自是"，所以变成拿破了轮，结果还是要失败。只引用拿破仑的话，没有看到拿破仑的一生，他不过是像项羽一样的人物，并没有真正成功的内涵。他的字典里面没有难字，那是"自是"，所以，成功果然很难，人不自是，才能开彰大业。

"不自伐故有功"，"自伐"，是自我表扬的代名词。有了功劳的人爱表功，差不多是人们的常态。尤其许多青年同学们，很容易犯这个毛病，虽然只做了一点事情，就想人家表扬一下，要鼓励鼓励。常常以此来作为课题，考察青年同学，看他能稳得住多久时间。有些人稳几天可以稳得住，多过几天，心里就稳不住了，我做的事这么久了，好像老板都不知道一样，就要想办法表现出来。真正有修养的人要不自伐，有功等于无功，儒家的人常以尧舜来做标榜，"功在天下"，"功在国家"，而他自己好像一点都没有做一样，而且更加谦虚，觉得自己没有什么贡献似的，那才是不自伐的最高竿，当然不会埋没了你真正功高望重的知名度的，因为天下明眼人毕竟很多。

"不自矜故长"，"自矜"，也就是现在所讲的自尊心，说好听点叫自尊心，说不好听就叫作傲慢。自尊心与傲慢，几乎是同一心态，但用处不同，效果也不一样。比如，走在街上，看到别人的钞票掉了，很想把它捡起来,但又不敢去捡,为什么？因为有自尊心。那你就干脆捡起来等人来认领，或是送到警察派出所招领，这也没有什么不对，所以自尊与傲慢，看是用在什么地方，用不对了，就是傲慢，用得好就是自尊。傲慢的人不能成功，所以要不自矜才能成长。

　　"不自见故明，不自是故彰，不自伐故有功，不自矜故长。"这四不的名句，是告诉我们，为人立身处世必然要记住的道理，岂止要把它作为"座右铭"，应当要把它作为"额头铭"，要贴在额头上，记在脑子里，则终身受用不尽。

夫惟不争

故天下莫能與之争

夫唯不争，故天下莫能与之争。

　　人之所以有祸害、有痛苦、有烦恼，就是因为想抓住点什么，既然一切都不要、都舍出去了，那自然无争，自然争不起来。

飘風不終朝

驟雨不終日

飘风不终朝，骤雨不终日。

人生的规律，逃不过的一个法则，必然也是有生有灭的。只是人类却有一个愚不可及的呆劲，总希望什么事情，都要永久地把捉在自己的手里，事实上，是绝对把握不住的。

同於道者

道亦得之

同于道者，道亦乐得之。

真正为道德而努力，不要怕寂寞、怕凄凉，纵然不得之于一时，也得之于万古，这一点先要认识清楚。

有许多年轻人说："我一辈子要做学问，修持道德。"我说，不容易啊！那你必须先要准备寂寞一辈子才行。要甘愿寂寞一辈子还不够，还要更进一步，懂得如何来享受寂寞。例如学道成佛，那都是千秋事业，不是一时侥幸的成功。乃至也不求千秋之得失，证无所证，得无所得，那就差不多了。

政者不立

跨者不行

企者不立，跨者不行。

有些人的好高骛远，便是自犯最大的错误。"企者"，就是好高，"跨者"，就是骛远。如果最浅近的、基础的都没有做好，偏要向高的远的方面去求，不是自找苦吃，就是甘愿自毁。

自見者不明

自是者不彰

自伐者無功

自矜者不長

**自见者不明，自是者不彰，
自伐者无功，自矜者不长。**

综合老子所谓的"道"，既不如佛家一样地绝对出世的，也不是如儒家一样地必然入世的，它是介于两者之间，可以出世，亦可以入世的。换言之，有体有用，道体在形而上的自然，道用却在万物万事，平常日用之间。因此，他的道，也正如孔子的门人曾参所著《大学》一书中所说的"自天子以至于庶人"，都不能离开此道。

因此，老子前后所说的知四不——不自见、不自是、不自伐、不自矜，在体而言，有同于佛说的离四相——我相、人相、众生相、寿者相；在用而言，又同于孔子所说的戒四毋——毋意、毋必、毋固、毋我，恰如其分。所以，它不但只限于个人自我的修养，仅是修道者的道德指标，同时，也是所谓帝王学——领导哲学最重要的信守，最基本的修养。

有物混成先天地生

寂兮寥兮

獨立而不改

周行而不殆

可以為天下母

吾不知其名字之曰道

156

有物混成，先天地生。寂兮！寥兮！
独立而不改，周行而不殆，
可以为天下母，吾不知其名，字之曰道。

此处"有物混成"的物，是"道"的同义字，这个道的内涵，包括了物质与非物质，是"心物一元"混合而成的。

然而，心物还只是一体所现的两面，这个浑然一体的道，它是"先天地而生"，宇宙万有的形成与消灭，全是它的功能所起的作用。

在南北朝时代，南朝梁武帝时，有一位禅宗大师傅大士（傅翕），他的悟道偈就说："有物先天地，无形本寂寥，能为万象主，不逐四时凋。"此一偈颂中所表达的思想，乃是中国道家老子思想与佛学合流的典型。"有物先天地"，它本无形象，先于天地的存在，宇宙万有的本来就是它。

一切万象的种种变化，生起与消灭，那只是两头不同的现象而已，虽然与这超越一切事物的"道"有密不可分的关系，但却无法影响它的本质。等于我们日常所熟悉的光明与黑暗一样，明来暗去，暗来明去，明暗二者的交互转换，只是两种不同现象的轮替，那个能作明作暗的本身，并不随着明暗的变化而生灭；但是它的功能妙用，就表现在日夜明暗的来来往往之间。所谓形而上的道、本体，其实已彻彻底底、无所隐藏地显现在它所创造的万象万境中，本体与现象的关系是一而二，二而一的。而佛家所讲的"缘起性空，性空缘起"，可以说是这个道理进一步的诠释与发挥。

老子说这个道，"寂兮！寥兮！"清虚寂静，广阔无边，没有形象声色可寻，永远看不见、摸不着；"独立而不改"，超越于一切万有之外，悄然自立，不动声色，不因现象界的物理变化而变化，不因物理世界的生灭而生灭。

"周行而不殆"，它无所不在，在在处处都有道。不论"物"也好，"心"也好，都有它的存在，永远无穷无尽，遍一切处。

"可以为天下母，吾不知其名，字之曰道。"这个东西是一切宇宙万有的根本，具足一切的可能性，实在很难用一般世间的语言文字来形容，所以我们中国古代的老祖宗们，不得已，姑且叫它作"道"，以"道"来统括所有万法的究竟归处。

明　董其昌　渔村夕照图

渔村夕照
玄宰　画

道大天大地大王亦大

域中有四大

而王居其一焉

道大，天大，地大，王亦大。
域中有四大，而王居其一焉。

　　王是代表人。依中国传统文化，始终将"天、地、人"三者并排共列，而人在其中。为什么呢？因为中国文化最讲究"人道"，人文的精神最为浓厚，人道的价值最被看重。

　　假定我们现在出个考题，"人生的价值是什么？"或者"人生的目的是什么？"若以中国文化思想的观点来作答，答案只有一个——"参赞天地之化育"（《周易·系辞传》）。"参赞天地之化育"，正是人道价值之所在。人生于天地之间，忽尔数十年的生命，仿如过客，晃眼即逝，到底它的意义何在？我们这个天地，佛学叫作娑婆世界，意思是"堪忍"，人类生活其上，还勉勉强强过得去。这个天地并不完备，有很多的缺陷，很多的问题，但是人类的智慧与能力，只要他能合情合理地运用，便能创造一个圆满和谐的人生，弥补天地的缺憾。譬如，假若天上永远有一个太阳挂着，没有夜晚的话，人类也就不会去发明电灯，创造黑暗中的光明。如果不是地球有四季气候的变化，时而下雨，时而刮风，人类也不会筑屋而居，或者发明雨衣、雨伞等防御用具。这种人类因天地间种种现象变化所作的因应与开创，就叫作"参赞"。此等人类的智慧与能力太伟大了，所以中国文化将它和天地并举，称为"天、地、人"三才。

那么，"道大，天大，地大，王亦大。域中有四大，而王居其一焉"。"域"是代表广大的宇宙领域。此处道家的四大，与佛家所谓的四大不同。佛家四大，专指物质世界的四种组成元素——地、水、火、风。而道家所讲的四大，是"道、天、地、人"。这个"四大"的代号由老子首先提出，并非如佛家的四大。老子说，在这一无穷无尽的宇宙中，有四种东西是最主要、最关键性的，而人的价值占了其中之一。四大中人的代表是"王"，中国上古文化解释"王"者，旺也，用也。算命看相有所谓的"旺相日"，在古代文字中，也有称"王相日"的。每个人依据自己的八字选择对自己有利的旺相日那一天去做某一件事，认为便可大吉。

宇宙中何以人能与道大、天大、地大同列为四大之一呢？这是因为人类的聪明才智，能够"参赞天地之化育"，克服宇宙自然界对人存在不利的因素，在天地间开演一套源远流长的历史文化。

明　陈洪绶　摘梅高士图

163

道法自然

道法自然。

"自"便是自在的本身，"然"是当然如此。老子所说的"自然"，是指道的本身就是绝对性的，道是"自然"如此，"自然"便是道，它根本不需要效法谁，道是本来如是，原来如此，所以谓之"自然"。

我们如果将大乘佛学彻底贯通了，必然不会对于宇宙本体和现象的哲学问题，感到左右为难。佛家有一个名词"法尔如是"，它是说明诸法本身本来就是这个样子。人生来怎么会成那个样子？人就是那个样子。你怎么会是这个样子？我就是这个样子。一切本来就是如此，一切法便是一切法的理由，更没有什么其他原因不原因的，这样就叫"法尔如是"。从"法尔如是"来看"道法自然"，最清楚不过了。

道就是道，自然就是自然，此外再也没有一个由来，既没有为什么，也不是为了什么，本来就是这样，原封未动；无始无终，无前无后，不生不灭；而由这个不生不灭中，本然而创造了宇宙天地和万有生命的生生灭灭的现象，产生了时间、空间前前后后的无意识的意识。我们研究道家思想，"自然"这个名词，是一大关键，而佛家的终究处也是"法尔如是"，这两者值得相互参究。一般修炼道术的学道者，若无法直识本来，看透这层"法尔如是"的事实，即便是在静坐禅定的工夫上如何了得，那还是依旧仆仆风尘，流浪生死，有家归不得的游子，前途一片茫茫。不信，你去问老子试试看。

再说，道的本身即是自然生生不息，但很多人修道，偏要打坐求静，认静是道都不对吗？你在静坐，真能静吗？其实，内心里面，妄想纷飞，动得乱七八糟，并无片刻安闲休息。真正的静坐入定，也只是进到另一个大运动的境界而已，因为大动，反而不觉其动，便说是静。或者可说是接近于那个大自然运动的核心，好像静止而已。譬如一个旋转中的圆形，越接近圆周的地方，运动的路线越大，而接近圆心的地方，运动的路线越小，而圆心所在，在旋转的时候，则完全不离原地，根本不动，其实它是整个圆转得最起劲之处，原来不静。

所以说，真的能静止似的，那是到达于一个更雄浑无迹的运动境界，只是你自己未察觉到它的究竟而已。静坐之所以能使人健康长生不老，正是由于这个静中的大动似乎不动的效果。这个动，实是自然法则的功能。人们学道，学些什么呢？如果只知守窍练气，吐故纳新，那是小道。大道无为，什么都不需守，没有那些啰里啰唆的名堂。

"道法自然"，自自然然就是道，若不如此，便不合道。

普通的人，照修炼神仙家的看法，都是凡夫俗子。然而凡夫俗子只要能做到在日常生活中，一切任运自然，便不离于道了。

中国道家有句名言，"人身是一小天地"，认清这个观念，打坐修道就容易上路，你只须让自己的身心自然，"人法地，地法天，天法道，道法自然"那般自然，岂不真得自在。传统的道家，认为我们人身便是一个小天地，胃就像大地，地球上有长江、黄河，和胃连带关系的，在前面的管道便是长江，在后面的管道便是黄河；其他别种器官，有的代表月亮，有的代表太阳，都在不停地运动。人打起坐来，心理上让它自然地清静，不去干扰身体各个器官的运作与血液循环，使之自自然然地合乎天地运转的法则，身体就会自然越来越健康。

平常我们身体所以四大不调，疾病丛生，都是脑子里的意识、思想太多太乱，扰乱了体能原本合于自然的运行法则，因此才产生了疾病的现象，才有苦乐的感受。至于佛家的修道路线也很多，通常所知的都教人要空、放下，不要妄想，它和道家的清静、无为有相通之处。清静、无为，就是什么都不着相，但是如果你静坐，心里想："我决不乱想"，那你早就又落入那"想不要想"的想里去了。"道"，本来自然生生不息在动，而你硬要千方百计不让它动，那岂不是道法太不自然了吗？不自然行吗？其实修道打坐，甚之，在日常生活中，你只须让一切自然地任运流行，它就是自然的静，不假造作，自由自在，那就对了，又何必头上安头，作茧自缚呢？

自老子之后，到了东汉时期，道家出现了魏伯阳真人所作《参同契》这部名著，素来被称为是千古丹经的鼻祖，学道家神仙长生不老之术的，非要仔细研究这部书不可，但其中所阐述的修道原理和方法，重点仍然在于老子的"道法自然"。那么，怎么又叫作《参同契》呢？因为修炼神仙长生不老的方法，与老庄、周易、丹法，三样的原理原完全相同。所以必须参合研究，而将其中的道理相互贯通、彼此发明，故叫《参同契》。"契"是指书契一样，可以核对得丝毫都无差错。中国古代订契约，是在一块竹简刻上一式二份的标记和约定的条文，然后剖析成两片，中间分际接合处，彼此丝丝入扣，可为日后印证真假之辨的，便名曰"契"。《参同契》所论述的修道原理和过程，相当复杂、奥妙，但其根本所在，仍然不外乎"道法自然"的大法则。

　　我们人体是个小宇宙、小天地，在这个宇宙天地里，气机如何运行，血液如何流通，一切均有固定不易的法则，分秒不能勉强，不可勉强，不必勉强，假使真懂了这种道理，自己便会明白怎么来修道摄生养命。

重為輕根靜為躁君

是以君子終日行不離輜重

重为轻根，静为躁君。
是以圣人终日行而不离辎重。

　　我们生命立足点的大地，负载万物和一切，生生不已，终
日运行不息而毫无怨言，也不索取人们和万物付与任何代价。
它总是默默无言地，静静前进，不断地轮转，而给予所有生物
生命的滋养。所以生而为人，也应静静地效法大地，要有负重
载物的精神。尤其是要学圣人之道的人，更应该有为世人与众
生，挑负起一切痛苦重担的心愿，不可一日或离了这种负重致
远的责任心。这便是"圣人终日行而不离辎重"的本意。尤其
是告诫身负国家社会人民所期望者的君主——领导人和官吏们，
更当有如此这般的存心，才是合道的明君或良臣。

善行無轍迹

善行无辙迹。

真正做大善事，行止高洁的人，他所做的好事，完全不着痕迹，你绝看不出他的善行所在。因此，中国文化几千年来，非常重视"阴功积德"。一个有道德的人，为善不欲人知，因为他不求名、不求利，更不望回报；如果做了一点好事，还要人家来宣扬，那就与传统文化的精神差得太多了。所以，真正为善的行为，不像车辆行过道路一样，留下痕迹，如果有了轮印的痕迹，就知道车子经过哪些地方，等于自挂招牌，标明去向或宣扬形迹了。所以说"善欲人知，便非真善。恶恐人知，便是大恶"。

由此理推，一个人要修道，当然是世界上最好最善的大善事，但无上大道并非人为的造作所能修得的。"道"是本自清虚寥廓、寂灭无为的，一有了方法，一有了境界，早已落于下乘，就如车过留痕，已有形迹可循，已非至善了。

知其雄其其雌

守其其雌

為天下谿

知其雄，守其雌，为天下溪。

"知其雄"，雄是阳性，代表了开发、光明，放射四方。"男儿志在四方"这句话，就是表现雄性的开发作用。雌性代表的是黑暗、宁静、收敛、保守。雄是动的，雌是静的。所以，修道的人，工夫做的是静态，但要懂得阳的一面，才能开发无穷尽的智慧。我们静坐时，如果心性不晓得参究这个道理，只跟着静态呆呆地打坐，把智慧都困在里头，这样就会越坐越笨，永远不会悟道。佛家有一种修持法门叫作"止观"，"止"就是静的工夫，也就是"守其雌"；"观"是智慧的开发，也就是"知其雄"。溪水是从高处向下流的，高处留不住水，水一定是向低处流的，最后，汇归于最低的大海。所以，佛家也经常用大海作比喻，说明胸怀要像大海一样又广阔又谦下。懂得了这个道理，心量就扩大了。

知其白
守其黑
為天下式

知其白，守其黑，为天下式。

善业善行叫作白业，恶业恶行叫作黑业。能够无妄想，无分别，就是至善之念，也就是儒家所讲的"人欲净尽，天理流行"。这是白业，不起分别。"守其黑"，黑业守它做什么？这个意思是说，不会去动丝毫恶业的念头。起心动念时的念念至善是菩提道，"为天下式"，是心理行为的标准，是至善无恶。心理的修养达到"人欲净尽，天理流行"时，起心动念上不会有错，念念起来都是善念，与天心相吻合。

知其榮
守其辱
為天下谷

178

知其荣，守其辱，为天下谷。

　　大家都晓得胜利是光荣的，大家都想胜利。年轻人出来到社会上，都想"前途无量""鹏程万里"，都想光荣归于自己。"守其辱"，光荣后面就是不光荣，有成功，一定就有失败；有上台，一定就有下台；有天亮的工作，一定会有黑夜的休息。所以"知其荣，守其辱"，就是万事要留一步。人生本来就是唱戏，上台一鞠躬，下台总归要回到你本来面目，那是赤裸裸地来，什么也没有带来。不要老是想胜利属于我一个人，光荣也都属于我一人。

　　中国文化有两句话："唯大英雄能本色，是真名士自风流。"我们是来自民间的人，就是来自民间，上台之后，以及功名富贵，这一些都是假的，是暂时的。等于这些房子的装潢等等都是假的，一旦把壁纸、胶漆去掉，看到泥巴砖头，那才是它的本色。真的大英雄，上台也好，下台也好，恭维也好，不恭维也好，他总是那个样子，保持他的本色。

　　什么叫作"谷"呢？就是山谷，空灵阔大，能包容许多东西。这个空灵，也就是禅宗六祖所说的，"本来无一物，何处惹尘埃"，胸襟有如此地伟大，山谷一样地空灵。

元 黄公望 快雪时晴图

為者敗之

執者失之

为者败之，执者失之。

以私欲为出发点，为个人的英雄思想而号令天下，最后还是要失败的。

越是私心自用，抓得越紧，抓得越牢，则失去得越快。

聖人去甚

去奢去泰

圣人去甚、去奢、去泰。

　　圣人之道，第一"去甚"，"甚"就是过分，做人做事第一不要过分，过分一定会出毛病。第二"去奢"，锦上不能添花，锦上添花，毛病出得更大。第三"去泰"，人生没有舒服的时候，天下事也没有永远泰然不变的时候。一个人身心上不加几分劳苦，不加几分运动，舒泰太过了，各种毛病都来了。这三点道理，发挥起来很多，总结一句话，要守戒律，万事不要做得太过分。

以道佐人主者

不以兵強天下

其事好還

以道佐人主者，不以兵强天下。
其事好还。

老子并不是反对战争，在国防上，军事戒备绝对需要，但不可以兵强天下，不可以用武力来侵略别人。不过第二次世界大战中，发动大战的德国和日本，原对老子哲学很有研究，但却忘记了"不以兵强天下"这一句话，违反了这个军事哲学原则，所以最终失败了。

老子并不是反对军事，他说到"强"字的意义，那只是加强自己国家的国防建设，如果想要侵略别人，便会失败。老子的军事思想、政治哲学的原理在什么地方呢？"其事好还"。每件事必定是回转过来报应的，你怎么样打人，就会怎么样被人打；你怎么样去杀人，就会怎么样被人杀。"其事好还"就是这个意思。对任何一件事，不能轻易随便，你打出去五十斤力量，回转过来的是一百斤果报。东方的几大哲学，几大教理，始终站在同一个原则，就是"天道好还"，也就是天道之因果循环。

師之所處

荊棘生焉

大軍之後

必有凶年

师之所处，荆棘生焉。

大军之后，必有凶年。

　　经过大规模的战争以后，那个地方整个被破坏毁灭了，所有山林草木以及几百年的建设成果，刹那之间消失了。"师"就是兵，只要战场在那里，那个地方就要遭到破坏，"荆棘生焉"，长了很多野草，变得荒凉了。"大军之后，必有凶年"，现在的年轻人没有这种经验，不会了解；经历过战乱的人，就会知道战争之后的战场，会成为传染疾病瘟疫的地方，有时并发旱灾、洪水以及发生瘟疫的流行。

　　所以，后来学军事哲学的人，对这个道理都很清楚。

　　世界上真正的名将，能懂得军事的，都不敢轻言战争。这不是因为胆小怕战，而是由于仁慈，不愿也不忍看到战争带来的悲惨后果。任何一个士兵，都是经过母亲十月怀胎，父母辛辛苦苦把他养育长大成人的，但在战场上只要几秒钟就没有了。而且牺牲在战场上的，不只是少数的一两个人，而是百千万众。

　　所以，懂得军事的人都怕谈战争。世界上只有读书人喜欢谈战争。我常碰到许多知识分子，他们对于战争的看法，好像小孩子玩游戏那么容易，像看柔道比赛一样好玩。殊不知，战争是极不容易之事，是悲惨之事。

宋 龚开 骏骨图

龔開駿骨圖 神品 古香齋秘玩

駿骨圖

善者果而已
不敢以取強焉
果而勿矜果而勿伐果而勿驕
果而不得已果而勿強

善者果而已，不敢以取强。
果而勿矜，果而勿伐，果而勿骄，
果而不得已，果而勿强。

    一个高明的政治家，高明的军事领导人，是心怀仁慈的，希望领导天下国家止于至善。以善的力量，战胜一切邪恶，绝不是以自己强盛壮大的武力，去侵略人家，威胁人家。

    一个当大统帅的人，当帝王、领袖的人，应以仁慈的心、善良的政策来救世界，来爱天下。他们虽一心济世救人，并没有认为自己了不起，绝没有骄矜的心理，也不自我表扬。任何一个成功的人，如果带了成功的骄傲，已经是失心病狂了，这种领导人终归会失败的。

    万一发生战争，必须要用兵的时候，是不得已而为之，并不是逞强好胜。所以，最高军事哲学的思想，是不得已而为自己防备。做人的道理也是一样，中国做人原则的两句古话，"害人之心不可有，防人之心不可无"，就是这个原则。

夫佳兵者

不祥之器

物或惡之

故有道者不處

夫佳兵者，不祥之器。
物或恶之，故有道者不处。

　　"佳兵"就是杀人的武器，因为武器是会杀死很多人的，
所以"不祥"。原子弹是很厉害的武器，一颗原子弹的爆炸，
可以杀死更多的人。可是现在到了核子弹，乃至于用到"死光"
的战争，细菌的战争，杀起人来更多更快，一瞬间可以毁灭人
类的一半人口，这就是"佳兵不祥"的道理。

　　"物或恶之"，不要说是人害怕，任何世界上有生命的东西，
都很恐惧。"故有道者不处"，所以，有道的人不做这种事情，
只用道德、善心、仁慈来感化人。

樸雖小
天下莫能臣
侯王若能守
萬物將自賓

196

朴虽小，天下莫能臣也。

侯王若能守之，万物将自宾。

　　这个"朴"字，代表道的原始运用，最初的运用，最细微的运用；这个"朴"看起来很小，但天下没有人可降服它的。

　　处事要大处着眼，小处着手。千万不能说我只想做大事，小事就一概不管；假如小事都做不好，还能做大事吗？连一锅稀饭都煮不好，却说要救天下国家，那不是吹大牛吗？

　　现在的年轻人常常落入一种幻想，光想做大事，但又不脚踏实地地去干。尤其是搞哲学、佛学的青年人，一开始就要度众生。我常对他们说，先把自己度好了再说吧！只怕你不成佛，不怕没有众生度。"朴"是个小点，不要轻视这个小点，因为它的关系非常地大。要做一件大事业，如果小的地方不注意，可能就危及大局了。

　　以现代观念而言，一个家庭中有一大堆子孙，你在家就是领袖，也是个侯王。你这个侯王就要懂得"守朴"，最基本的一点朴实无华要守得住。能抓得住基本那一点原始的运用，"万物将自宾"，宾者客也，那万物就由你做主，都向你这归依而来了。

勝人者有力
自勝者強

胜人者有力，自胜者强。

"胜人"是与人打架打赢了。力气大的人有蛮力，与人打架能够获胜，这不算什么；要能战胜自己的人，才称得上是一个强人。想要战胜自己，克服自己，那是很难很难的。修道成功的人就是自胜，能战胜自己的欲望，战胜自己的烦恼妄念，所以，一个真正坚强的人，才能修道，才能成佛。可是，要战胜自己，只有圣人才能做得到啊！我常常跟大家说，英雄能够征服天下，不能征服自己；征服天下易，征服自己难。甚或有些英雄，把自己的烦恼痛苦，建筑在别人的头上，而他却认为自己很了不起。圣人是不想把自己的烦恼和痛苦放在任何一个人的身上，他是想把天下人的烦恼和痛苦都担起来，这就是圣人与英雄的分别。

知
足
者
富

知足者富。

　　到什么程度才算有钱？恐怕世界上的人定不出一个标准。有了一千万，心想再多五百万多好，这就是不知足。我经常发现，也许是穷人的发现，任何人所住的房子，永远是少了一间，穿衣服永远觉得少一件，虽然衣橱里有很多高贵的衣服，要穿的时候，总觉得少一套非常满意的。

　　真正的财富，是"知足者富"。如果一个人三天没有饭吃，捡到一个馒头，一半还发了霉，啃一口没有发霉的一边，喝一口水咽下去，那个比什么财富都好。人到了那个时候，才懂得人生，才懂得知足才是真正的财富。不知足就是永远跟着欲望跑，而欲望是永无止境的，所以人永远生活在痛苦之中。

不失其所久

不失其所者久。

　　什么叫"不失其所"呢？如果大家读过《中庸》，就懂得"素其位而行，不愿乎其外。素富贵行乎富贵，素贫贱行乎贫贱"的道理。人要守住本分，要认清自己，也就是"自知者明"。能认清自己，就晓得我应该做些什么事情，负些什么责任，不失自己的本位，才可以长久。

死而不亡者壽

死而不亡者寿。

什么叫作长生不死呢？同佛家一样，佛家讲"涅槃"，意思是不生不灭；道家则讲形的变去，可是精神永远不死；以世俗的观念而言，就是虽然死了，有功业留在人间，有学术思想影响于后世。老子本人虽然死去，但有《老子》五千言的书流传下来，他的学术思想绵延不绝，他的道德精神永远影响人类世界，这是世俗观念的说法。但真正学道的人，修证到自己的肉体生命含藏有一个不生不灭生命的本能，肉体虽然死去，而此本能永远存在，这就是"死而不亡者寿"的真正含义了。

執大象

天下往

往而不害

安平泰

执大象，天下往。

往而不害，安平太。

"执大象，天下往"，这个"象"字，不是叫我们抓一只大象，而是现象的意思。人要懂得天地万有的大现象法则，则天下都可去得，而无往不利。

人生要懂得这个天地的法则，所以，道家叫我们处世要抓住"大象"。但是人人都不肯注意"大象"，却经常在小地方计较。一块钱计较得很精明，而经常几十万、几百万反而被骗去了。有人拼命地节省，一毛钱也舍不得用，然后积蓄到了几百万，拿去放利息，一下子被倒账，就没有了。因为他只看到小利，没有把握大的状况之故。"大象"是从大处着眼，所以能够"天下往"。

"往而不害"，向前一直去，在完全无害的情况下，永远都会平安，永远都是太平。

"安、平、太"三个字有三个意义："安"是我们现在讲的平安；"平"是永远地平等，没有波动；"太"是永远站在原始的基点上。

"太"就是原始的那一点，既无进也无退，不是前也不是后，永远是在那个基点上。也就是儒家所说的，永远就在人生的本分上。能够从大处着眼，小处着手的人，永远都是"安平太"。

明 文徵明 溪桥策杖图轴

樂與餌

過客止

乐与饵，过客止。

"乐"包括音乐和玩乐，以及很好听的歌声。假使我们走在街上，忽然听到一栋楼上传出好听的音乐，或见到社会上的好玩事物，这些都属于"乐"。"饵"是诱惑人的东西，凡是好听、好看、好吃的在那里，过客经过时就会停下来看一看。世界上一切物质的东西，只要使人感到舒服快乐的，人人都会受到诱惑。

柔弱勝剛强

柔弱胜刚强。

　　天下最柔弱的莫过于水，它柔软得没有骨头，无丝毫之力，可是，一滴水在一个地方滴了几百年，无论是铁或石头，都会被它滴穿成洞。这就是柔弱胜刚强。刚强的东西没有刚强可加以对抗，只有柔弱可以制胜。

　　老子主张用阴、用柔、用弱，不是叫人做坏事。所谓柔弱，在做人的道德行为上就是谦退礼让，也就是吃亏；吃亏并不是笨人，多吃一点亏没有关系，让别人占一点便宜，他也高兴，你也高兴一下蛮好嘛！不要觉得被人家占了便宜而难过，只要想到他会因此而高兴，自己坐在家里也笑一笑，替他高兴就行了。所以，吃亏是福，柔弱胜刚强。

道常無為而無不為
侯王若能守
萬物將自化

道常无为而无不为，
侯王若能守之，万物将自化。

道体永远是"无为"，它的用则是"无不为"，意思是无所不起作用，处处起作用。记得几十年前，有一个讲中国哲学的了不起的名家，他解释道家的"无为"时，主张中国的政治思想，做领袖的人要学"道"，就是学老子的"无为"，认为"无为"的意思就是"万事不管"。其实老子的"无为"，并不是万事不管，"道常无为而无不为"这句话，正是样样都要管。这两句话上面的"道常无为"，是讲"道"的体；"无不为"是讲"道"的用。宇宙万有就是"道"的用，所以它无所不为。到了最后归于静，归于空，所以是"无为"。

懂了道家老庄的这个道理，我们做人做事，就要懂得"无为而无不为"的道理，也就是要有先见之明。其实，不只做人做事，乃至缝一件衣服，或者买一把扇子，对于将来毛病会出在哪里，事先就要知道，要看得很清楚，要有远见。对于未来可能出问题的地方，须尽可能地先做好防范措施，使问题不致发生。所以，懂得这个道理的话，做起事来，好像没有做什么事一样地平顺。

也有许多学了老庄的人，做起事来不会应用这个道理，凡事不晓得预先安排，观察得又不仔细，到临时急急忙忙拼命赶、乱忙；看起来好像很勤快，很努力，其实以道家看来，就是愚笨。道家做事的时候，有远见，有计划，事先准备妥当，所以临时不会慌乱。

做大事业的人，能够懂得这个道理，并把握住这个道理，"万物将自化"，不但功业能够成就，进而守之，这个道理还可以用之修道。

比如我们修道打坐，坐在那里做什么呢？心念已空，清净是无为，但是这个"无为"，你却无法空掉。你能空掉了"无为"，那就可以"无不为"了，身体也转好了，祛病延年，长生不老，神通也来了，智慧也来了，习气也转了。可惜的是，人做不到无为，坐在那里，天天想求神通，想求智慧，再不然想求身体的健康，再不然就搞气、搞脉，忙得很。坐在那里说是修无为，实际上是在那里无所不为，样样都要。

我们学的"道"，是空，是一切放下，万缘皆空，为什么要空呢？一般人学道，都是想成佛往生西天，长生不老，又有智慧，又有神通，虽然不与佛一样，至少也要与佛差不多才行；试看这种欲望有多大！那不是学"空"，是在学"有"了。以这样的欲望，来学一个空的道，岂不是背道而驰吗？

真做到了无为，许多不想要的偏偏会来。天地间的事情怪得很，你不要的，它偏要来；你要的却跑掉了。

高木西風落葉
時一襟葉奠坐
遯間披林水木
終卷心興天遊
難得知 沈周

明　沈周　卧游图册（之一）

不欲以静

天下将自正

不欲以静，天下将自定。

先是自己能够清净无为，那么"天下将自定"。做人做事创业，也是同样的道理。如果一直急急忙忙，天天发疯一样，执意非要成功不可，对不起，到了最后算总账的时候，恰恰是不成功。这也就是柔弱胜刚强的道理。做事情能够勤劳，一念万年，细水长流，无所求，不求成果，亦不放弃努力，最后一定是成功的。

下经开始讲『德』，就是讲『道』的用，以及它的现象。

德

上德不德

是以有德

下德不失德

是以無德

上德不德，是以有德，
下德不失德，是以无德。

真正上品的道德，以现在观念而言，就是说一个真正有道德的人，一个大善人，并不以为善是了不起的好事，他做善事，只是他的普通行为，表面看不出是在做善事。如果让人看得出他是"善人"，是在做道德的事，这已经差太远了。

上古的文化，对于道德的行为，始终注重四个字，就是"阴功积德"。主张做好事要"阴"的一面，不是"阳"的一面，要使人看不见；为别人做了好事，别人并不知道，帮助了别人，受帮助的人也不知道。这就是阴德，这也就是"上德不德，是以有德"。

"下德不失德，是以无德"，以老子的观念来看，所谓"下德"，是不上品的道德。"不失德"就是已经被人看出来的德行，那是着了相，所以是"下德"。依佛家来讲，"着相"就不高明了，《金刚经》也是叫我们不着相。

大丈夫處其厚不處其薄

居其實不居其華

故去取彼此

大丈夫处其厚，不居其薄，处其实，
不居其华，故去彼取此。

　　真正的大丈夫，走实在的路子，只有修道。道是什么？无
为。依照佛家来讲，就是"万缘放下"，大丈夫不走微末的路子，
要走实在的路子。"道"就是把所有的知识，一切统统丢开了，
聪明智慧都丢掉，回归到朴实无华。

　　"去彼取此"，去掉那些外表的华丽知识，找回自己生命
本来的朴实。老子的榜样是什么呢？就是"专气致柔能婴儿乎"！
回归到在妈妈怀抱时期那个状态，什么都不知道。你骂他时是
笑笑，那多好啊！骂与赞扬都差不多，没有分别。牛奶与剩菜
混在一起，他也不分别，那都是"朴"，回到那个朴实的身心。

得一

得一。

后世学道的人，不传"道"而传你"得一"。"得一"就是"守窍"，有些是叫你守丹田，有些叫你守海底，有些叫你守心窝，有些叫你守背脊骨后面的某个骨节，各种花样都有。曾经有一个人，当年身体不好，老师告诉他守一个地方，他成功了，便拿着鸡毛当令箭。这些实在都不是"一"。"一"也是个代名词，专一是无处所的。所以，佛家讲修定，定在哪里？定在专一；道家讲的是静，静在哪里？静在专一。"一"在哪里？"一"在零那里，那个零就是"一"；零又是空的，清净无为，那才是"一"，你有个"一"可守的话，那就是"二"。你想想看，打起坐来还去守一个"一"，那不是成了"二"吗？孔子说，"吾道一以贯之"，曾子出来又说，"夫子之道忠恕而已矣"，不就又变成"三"了吗？佛学说学"空"，你盘起腿来找"空"，那早就是"有"了。"空"不一定要盘腿，所以，有一个地方可以守，那早就是"二"了。

神無以靈將恐歇

神无以灵将恐歇。

人的思想每天要做到清净无为，尤其现在工业时代，大家忙碌得喘不过气来，一天之中，尽可能休息几次，所谓养养神。以现在的名词，脑筋多几次时间休息，让脑筋空空洞洞的，什么都不要想，智慧才会出来，才能更灵敏。如果精神每天不收敛一下，不做到灵敏，那么"将恐歇"，最后昏头昏脑，头脑崩溃了。

反者道之動

反者道之动。

　　打坐做工夫，有时越坐越差劲，许多人就不愿继续修了；殊不知，快要进一步发动的时候，反而会有相反的状况。做事也一样，做生意也一样。所以做生意稍稍失败，就要熬得住，熬得过去，下一步就会成功赚钱了。这也就是天地物理相对的一面，有去就有回，有动就有静。这个道理，自己要多多去体会才能领悟。做领导的人更要懂得"反者道之动"的原理，根本不怕别人有反对的意见，相反的意见正是"道之动"。换句话说，有反对才有新的启发，才有进步。

弱者道之用

弱者道之用。

有许多人打坐做工夫，到了某一阶段，总觉得自己一点力气都没有，很怕会走火入魔。如果这样，那你就不要修道了；既想求长生，又怕早死去，这样没有信心定力是无法修道的。老子说：要大丈夫才能修道，既然是大丈夫，又何必修道呢？例如"弱者道之用"这句话，真修道成功的人，骨头也软了，有时候工夫到了，连一张纸都拿不起来，会弱到如此程度。如果不懂老子这个弱的道理，会吓坏了；懂得的人，就知道这是"弱者道之用"，正是进步的象征。再进一步更厉害，就要发出"用"了，这时纵然重如泰山，只要用一个指头，都可以把它推翻。所以大家做工夫要注意，对于这个原则，千万要把握得住。

天下之物生於有

有生於無

天下万物生于有，有生于无。

　　我们普通人看天下万物，生生不息，一代代的生都是生于
"有"，"有"从哪里有呢？"有"生于那个"无"，是从"空"
来的，"空"能生万有，这与佛家的"缘起性空"同一道理。

明道暑昧

明道若昧。

　　真正的大道，光明的大道是看不见的。所以，你不要认为白天才叫作光明，真正的光明就像黑夜，所以现在太空发现有黑洞。这宇宙的黑洞，现在还不晓得是怎么一回事，所有宇宙的光明，一进入黑洞就变黑了，这个里头是什么东西不知道。现在的科学家在怀疑，是否整个的宇宙是从黑洞中放出来的？西方人现在才发现，我们老祖宗，也就是上古的道家，早就知道。《道藏》中说"明道若昧"，大光明里头等于黑暗，黑暗是真正大光明的根本。

進道若退

进道若退。

　　学任何一样东西，做任何一件事情，进步到一个程度，成果快要出现的时候，你反而觉得是退步。比如说写毛笔字，开始写的三天，越看写得越有味道，越写越漂亮，自己也赞叹自己快要变成书法家了。到了第四天越写越难看，第五六天自己都不想练了，越看越不成样子。在这个时候，千万不要放弃，写的字虽然越看越难看，那正是你书法上的进步过程。学拳也是一样，不管太极拳、少林拳，学了半月就想打人，觉得自己的武功天下第一，好像都可以飞檐走壁了。三个月后慢慢发懒了，半年以后，所学的通通丢光。所以，在进步以前就有这个现象，人情物理都是如此。古人只是拿人世间的经验，以及物理的状况，加以说明而已。

上德若谷

上德若谷。

真正有修养的人，所谓道德的完成，反而太像是空空洞洞的，什么都没有；也就是我们俗话说的，"满罐子不响，半罐子响叮当"。学问真正充实的人，反而觉得自己像是一无是处。所以一个真正有道德之士，不会表示自己有道德，或者表示自己有工夫。这就是"上德若谷"的道理。一个人真到了虚怀若谷，才能够包罗万象。学问的道理，人品的修养，都是同一个原则。

大
白
若
辱

大白若辱。

我们读历史，经常发现有人一辈子受冤枉，甚至把冤枉带到棺材里去，生前没有办法洗雪清楚的。这还不可怜，更可怜的是，历史上不少人物，一生的冤枉留存千秋万代，永远是个冤枉。但是，在一个有道之士看来，也无所谓冤枉；因为"大白若辱"，明白与冤枉差不多，没有什么了不起。

中国有句名言，说明人的一生很难评论，所谓"盖棺论定"，棺材盖起来的时候，这个人是好是坏，才可以下一个定论。不过，我加上几十年的读书以及做人经验，并不太相信这些话，有时盖棺还不能论定。因为，对人下一个定论很难，尤其读多了历史，更觉得在爱恶是非之间，是很难对人下断语的。

所以老子告诉我们"大白若辱"，青年人了解这个道理，要做一番事业，就要忍得住。佛学有个名称，叫作"忍辱"，人能够忍得住才行。因为一个人要做一番真正对国家社会有贡献的事业，其间被人误解，以及各方面的坏话，最难听最痛苦的，你都要受得了；受不了这个辱，就不必指望成功。

大器晚成

大器晚成。

　　这一句话，青年同学可以拿来安慰自己了。书读不好的人，事业做不成功的，自认为是"大器晚成"，自认将来一定会成功的。其实"大器晚成"这句话，是以物理来讲人生，一个大的建筑物，不会建造得那么快。我们现在喜欢用西方的一句话作比喻："罗马不是一天造成的。"其实，万里长城也不是一天造成的，人类的历史，更不是一天构成的。

　　古代的教育，时常引用这句话，不过，现在家庭教育要注意，因为现代的孩子太聪明了，真是叹为观止。几十年前，在我们幼小的时候，笨得不得了，什么也没有看过，泥巴是第一等的玩具。几十年后的现在，那么多玩具，是我们小的时候做梦也想不到的，所以小孩子都变得特别地聪明了。

　　但是我发现另外一句古人说的话，似乎也有道理，就是"小时了了，大未必佳"。很多小孩子，看起来非常聪明，等到读大学的时候就差了。我教大学的时候，教得连我也烦起来了，因为发现学生比我还笨。打听之下，这些学生在儿童时期，都是聪明绝顶，长大却有问题，实在颠倒了。所以我现在发现，"大器"未必"晚成"，这在教育上一定要正当才对。

我经常告诉朋友们，你的孩子太聪明了，教育上要小心。现在许多家庭的父母，看见自己的孩子聪明，便高兴得很，拼命去培养。实际上，教育孩子和种一棵好花一样，一棵好的花苗，如果肥料用得太多，浇水过勤，反而害了这个好花苗。

教育的道理，也和用兵一样，"置之死地而后生"，要经过艰难困苦，他才能站得起来；在好的环境中长大，成绩单上的分数非常好看，但这在将来的事业上等于零。幼年的聪明和成绩单，并不等于能做事，能创业。所以千万要注意，大器固然晚成，到底成个什么，就看小时候的教育了。

清 石涛 古木垂阴图（局部）

萬物負陰而抱陽沖氣以為和

万物负阴而抱阳，冲气以为和。

万物的生命，"负阴而抱阳，冲气以为和"，"负"是背上背着，"抱"是前面怀中抱着。一个东西都分为阴阳两股力量，人也好，细胞也好，动物也好，植物也好，矿物也好，天地间任何一个东西，都是阴阳两股力量，"负阴而抱阳"。"道生一"，它又分了阴阳两股力量的作用。"一生二"，另外还有一个东西，光是阴阳两股力量，没有一股中间力量去调和是不行的，这个调和的力量叫作"冲气"，冲也就是所谓的中和，也就是"冲气"，老子是用"冲气"表达。所以，密宗、道家讲人修持做工夫说到中脉，也叫"冲脉"。

"冲气以为和"，就是有一个调和阴阳的作用，生命的功能，就是这么一个现象。许多学佛修道，打坐做工夫的人，懂了这个道理，自己就明白了，不需要去问人。自己用功时，这两天很清静，过两天又不清静，说不定是更烦；但烦过了，再用功一段时间，又会很清静，就是反复在那里做周期性的旋转。这个旋转的现象，佛家叫作轮回，也就是那样转圈圈。修行的人要想把握住，既不散乱，又不昏沉，既不痛苦，也无欢乐，就要知道如何"冲气以为和"，怎么样达到中和。所以生命的奥妙，修持的方法，也都在这个地方；心理的调整，做工夫上路，也是在这个地方。这是一个非常奥妙的关键。宇宙的法则，就在这里，把这个道理搞通了，所谓学佛修道，以及人事，就都能够把握在手里了。

不但"万物负阴而抱阳"，任何一个人，本身就有阴阳。以道家的标准，是用阳来代表男人，其实男人全身都是阴，阴到了极点，只有一点点阳。女性的代表符号是阴，外表看来似阴，但是女性里头有一点阳，那才是真阳。男性是假阳，中间有至阴。

讲起来男女本身都有阴阳，每人的生命都是"负阴而抱阳"。自己体会到生命的这项功能，就可以自己把握住永远不老，永远不死。理论上这是非常准确的。不过几千年来，到底哪一个实验成功了，我们并不知道；也许有人办到了，但他不来看我们，就跑到另外一个世界去了。老子这一段话，理论上是绝对可能的，而且是一个生命自然的物理科学，并没有什么稀奇，也不是神秘，问题是如何能把握冲气的发动，调和好阴阳。

元　倪瓚　容膝斋图

物或損之而益
或益之而損
人之所教
亦我義教之

物或损之而益，或益之而损。
人之所教，我亦教之。

　　拿一棵树来比喻，把这棵树加以修剪砍锯，这棵树便能长成一种新的形态，所以"损之"是利益之，使它成器。我们经常听到教育孩子的话——"溺爱他就是害他"，对孩子的严格管教，目前给孩子吃一点苦，将来他会感激你，他觉得爸爸是个好爸爸，妈妈是个好妈妈。不然孩子长大会怨恨你，这就是"物或损之而益"的道理。又如人生了病，医生诊断非开刀不可，你不能说医生可恶，结果他在你身上开刀，你不但不告他，还要谢谢他，这就是"损之而益"。

　　"益之而损"，这是相反的道理，人越要求好，反而样样做不好，做人要想做到面面都好，就完全错误了。世界上没有任何人可以面面都好，越是想做到面面都好，结果是面面都糟。一件事情的处理，往往顾了这一面，无法顾那一面，它是相对的，有因果的，所以是"益之而损，损之而益"。也就是我们前面讲到的"大白若辱"，你只能顾到一样，不能顾到两样，想一下子面面周到的人，结果是面面都得罪了。

前面老子说"冲气以为和"，老子是把老实话告诉我们。他的原则方法，就在这个原理中。所以做工夫也好，修道也好，有时候看到是退步，"进道若退"，实际上，常常是"损之而益"。有时破坏了一点，但过了这一点破坏，下一步发展成长得更快，又向前进了一步。相反地，天天求进步，天天增加，结果"益之而损"，反而不能成功。等于现在有些人，尤其是美国的朋友们，喜欢吃补药，各种维他命吃得太多了，补多了，病来得更多更快，这就是"益之而损"的道理。培养花草也是如此，花草树木长到某一繁茂情况时，要剪枝去叶，将来花才开得更美，果实才结得更硕大，这也是"损之而益"。如果不加修剪，拼命加肥料，结果，不但开不出好花，结不了好果，反而因肥

明　徐渭　四时花卉图（局部）

料太多，整棵树都被肥料烧死了，这是"益之而损"。所以要"冲气以为和"，使阴阳调和，损益适当，才能真正欣欣向荣。

"人之所教，我亦教之"，老子说，人类效法什么呢？效法天地，也了解自然的物理。"物或损之而益"，比如秋天，万物凋零，只剩了一点种子，把这点种子留下来，还用灰土埋起来，在这个时候，这种子好像没有什么作用，到了春天再种到地下，它自然又生长起来，这就是损益的道理。所以，人类要效法天地物理的法则，把握自己的生命，培养自己的生命，不衰老，要长存，并且不随现象而变化。如果把握住这个，就是效法天地自然的道理。

強梁者不得其死

强梁者不得其死。

一个东西，不能过分地强壮，过分地强壮，不得其好死。水果也好，蔬菜也好，乃至鸡、猪家禽家畜，勉强给它打针，加饲料，希望培养到最好，结果反而招致它快一点死亡。所以中国人过去所讲的养生之道，知道人不能求无病，一点病痛都没有的人，有时候死得很快。因为这种人，自己不晓得病的可怕，死的可怕，平常不晓得保养，所以一下就倒了。

我们看神仙的传记，可以研究道家的人；看到那些高僧的传记，可以研究佛家的人，他们十之七八都是年高、体弱、多病。带病可以延年，因为本身体弱，所以时常注意保养。他们胆子也小，也研究医学，后来变成大名医，不但活得长久，还能够医治别人。年轻人身体强壮，希望他研究重视这些养生、医学之类，他绝对不干，结果"强梁者不得其死"。

天下之至柔

馳騁天下之至堅

天下之至柔，驰骋天下之至坚。

有骨头的，如果把它挡住，它只有转弯过去；如果筑一道堤防，水则一声不响慢慢等，等到水涨满了，又从堤防上漫出去了。就是屋檐的水，从高处向下滴，滴一千年一万年，连地球都可以滴穿。所以，"天下之至柔，驰骋天下之至坚"，像战场上的马匹一样，冲锋陷阵，冲破最坚韧的东西。我们中国对女性的教育是温柔、温和、缓慢，这样可以融化一切。不管男人是土做的也好，石头做的也好，温柔的文火慢慢地炖，石头都可以软化了。所以不管多坚强的人，对温柔没有办法，只好投降。这就是"天下之至柔，驰骋天下之至坚"。

做人与做事，遇到难处，天天在想这件事如何解决，却永远解决不了，越想越糟，最后钻到牛角尖里去，处理得还是一塌糊涂。这时最好把一切放弃不管，让它完蛋；但是真让它完蛋，那个蛋偏偏不完。为什么？因为"天下之至柔,驰骋天下之至坚"。

名與身孰親身與貨孰多

得與亡孰病

是故甚愛必大費多藏必厚亡

知足不辱知止不殆可以長久

名与身孰亲，身与货孰多，得与亡孰病，
是故甚爱必大费，多藏必厚亡。
知足不辱，知止不殆，可以长久。

　　世界上的人，就是为了名与利。我们仔细研究人生，从哲学的观点看，有时候觉得人生非常可笑，很多非常虚假的东西。像名叫张三或李四的，只是一个代号，可是他名叫张三以后，你要骂一声"张三混蛋"，那他非要与你打架不可。事实上，那个虚名，与他本身毫不相干，连人的身体也是不相干的，人最后死的时候，身体也不会跟着走啊！利也同样是假的，不过一般人不了解，只想到没有钱如何吃饭！拿这个理由来孜孜为利。古人有两句名诗："名利本为浮世重，世间能有几人抛。"名利在世界上是最严重的，世界上能有几个人抛去不顾呢？"名与身孰亲"，他要我们了解名就是假的，比起身体来，当然爱自己的身体。如果有人对你说，你最好不要出名，你出名我杀了你；那你宁可不出名，因为还是身体重要。"身与货孰多"，身体与物品比较，你手里拿了五百万钞票，遇到强盗，用刀逼着你说："把你的钱放下给我，不给我就杀了你。"这时你一定放下那五百万元，因为身体重要。人对于生命当然看得更重要。

"得与亡孰病"，得与失哪一样是毛病？当然我们一定说，得到比较好。但是，一个人又有名，又有利，那就忙得非生病不可；你说穷了再生病，连看病都没有医药费怎么办？这就涉及空与有的问题了。前面两句，名与身相比，身与货相比，我们一定说身体重要，货是物质，当然其次。其实这一句"得与亡孰病"，就解释清楚前面那二句了。老子对这些问题并没有讲哪个对哪个不对，两头都对也都不对。名固然是虚名，与身体没有关系，但是虚名有时候可以养身，没有虚名这个人还活不下去呢！虚名本身不能养身，是间接的养身。身与货、身与名，两个互相为用，得与失两个也是互相为用。

这个道理，后来道家的庄子也曾引用。在《庄子》杂篇之《让王》中，当时韩国遭遇了魏国的骚扰，打了败仗，魏国要求韩国割地，韩国实在不愿意，痛苦极了。有子华子者劝韩王割掉算了，现在让了地将来还可以反攻拿回来。他问韩王，名利权位与身体比，哪一个重要？韩王说当然身体重要。再问他，身体与膀子比较，哪一个重要？韩王说，当然身体重要。所以子华子就劝他，现在你等于生了病，两个膀子非砍不可了；你砍了膀子以后仍有天下，有权位，你愿意要权位呢，还是愿意要膀子呢？韩王说，我看还是命比膀子重要。这是有名的故事，后来禅宗的大师栯堂禅师有名的诗句——"天下由来轻两臂，世间何故重连城"，就是由此而来的。

说到人的生命，一个当帝王的，天下都属于自己的，但是与自己生命相比的话，没有了生命，有天下又有何用？如果现在有人说，现在的天下还是属于汉高祖的，那汉高祖做鬼也会打你两个耳光，说，不要骗我了，与我根本不相干了嘛！可是活在人世间的人看不开，偏偏看重连城之璧玉。蔺相如见秦昭王拼命护璧，因为那块璧的价值，可以买到现在法国、德国连起来那么大的土地。"天下由来轻两臂"，这是庄子用老子的重点加以发挥。天下固然重，权位固然重，如果没有生命的话，权位有什么用？天下有什么用？可是，就实际情形看来，还是天下重要，所谓"世间何故重连城"，人世间为了财富，为了虚名，忙碌一生，连命都拼进去，这又何苦来哉？！老子更进一步告诉我们，懂了这个道理——生命的重要，那么，"是故甚爱必大费，多藏必厚亡"，你对一样东西爱得发疯了，最后你所爱的丢得更多，就是"爱别离苦"，这是佛说的"八苦"之一。"多藏必厚亡"，你藏的东西不管多么多，最后都是为别人所藏。

报纸上曾有两则新闻，说宜兰有一个人，一辈子讨饭，死了以后，在床下找出五六十万元来，这正是"多藏必厚亡"。同样地，美国有一个人也是如此，平常讨饭过日子，死的时候遗留了一百多万。这样的人生，不知道他是否也算看得很透；也许上帝的意旨要他这么做，真是不可思议啊！

因此老子教我们了解一个人生的道理，人生什么才是福气。"知足不辱"，真正的福气没有标准，福气只有一个自我的标准，自我的满足。今天天气很热，一杯冰激凌下肚，凉面半碗，然后坐在树荫底下，把上身衣服脱光了，一把扇子摇两下，好舒服！那个时候比冷气、电风扇什么的都痛快。那是人生知足的享受，所以要把握现实。现实的享受就是真享受，如果坐在这里，脑子什么都不想，人很清醒，既无欢喜也无痛苦，就是定境最舒服的享受。不知足，是说人的欲望永远没有停止，不会满足，所以永远在烦恼痛苦中。老子所讲的"辱"，与佛家讲的"烦恼"是同一个意义。

"知止不殆"，人生在恰到好处时，要晓得刹车止步，如果不刹车止步，车子滚下坡，整个完了。人生的历程就是这样，要在恰到好处时知止。所以老子说，"功成、名遂、身退"，这句话意味无穷，所以知止才不会有危险。这是告诉我们知止、知足的重要，也不要被虚名所骗，更不要被情感得失蒙骗，这样才可以长久。

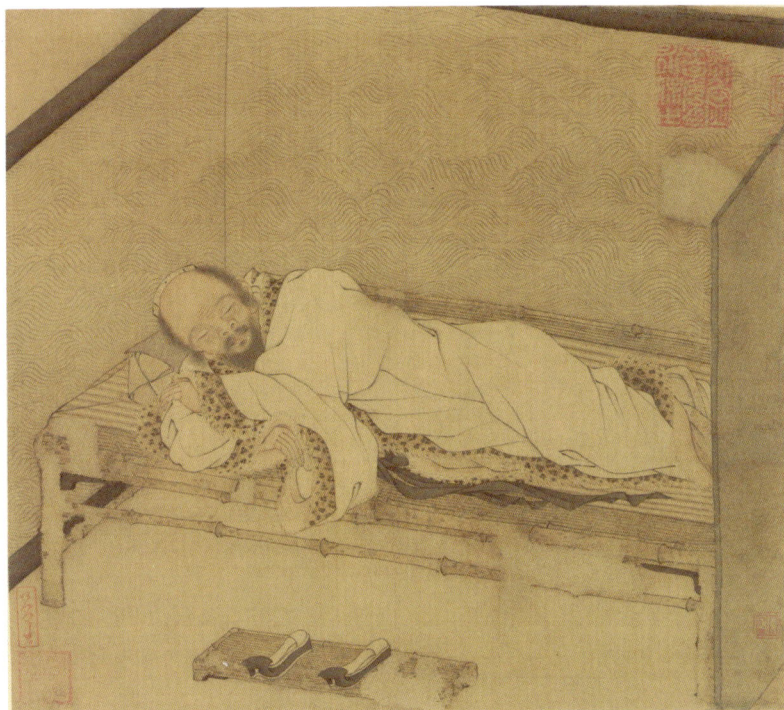

元 佚名 竹榻憩睡图

大成若缺

其用不敝

大成若缺，其用不弊。

　　我们宇宙的物理，大成功大圆满的东西，天然都存在着相当的缺陷。不过，有一点缺陷的话，反而永远不会坏；换一句话说，若求快一点圆满，就快一点完蛋。道家的哲学始终是这个看法。很多名人懂得人生的道理，懂得了这个道，就像清朝中兴名将曾国藩，到晚年还标榜自己的书房叫"求阙斋"，求一点缺陷；不能把自己搞得太圆满，因为万事不可能太圆满，所以要保持有阙不足。

大盈若沖
其用不窮

大盈若冲，其用无穷。

　　大盈就是大满，真正的充满，如瀑布一样，不停地从山上流下来，天天都盈满流动，这就是"冲"的作用。活的东西是永远在流动的，所以其用无穷。最可叹的是，有人想把现成的享受，现成的东西，永远保住不动，认为是属于自己的，这就犯了前面所说"大费"的毛病，结果一定是"厚亡"。财富如此，权力也是一样，一切的东西，不能用之于私。如果不能"大盈若冲"，那就完了，要像河水一样流动才可以。

禍莫大於不知足

咎莫大於欲得

祸莫大于不知足，咎莫大于欲得。

人类最大的罪恶就是想占有，英雄要占有天下，也就是占有权力；男人想占有女人，女人想占有男人；人想占有钱，钱反正不说话，随你们办，这就是"欲得"。

知足之足

常足矣

知足之足，常足矣。

要人类社会真正和平，必须人人反省，人人都能够知足。虽然老子写了五千言，孔子和释迦牟尼佛，以及几千年来的圣人，还有黄帝等几个上古的圣人，都在教化人应该知足，可是人就是不知足。

其出弥遠

其知弥少

其出弥远，其知弥少。

　　"其出弥远"的"出"字，并不一定讲偶尔出远门，其实是指知识越多，越愚钝；换言之，知识学问越好，烦恼越深。因为普通的常识越多，真智慧反而被蒙蔽了。所以"出"字并不是指出外之出，是付出去，我们在精神生命上，在脑力上，付出得太多，真正的智慧当然就越来越低了。

為學日益為道日損
損之又損以至於無為
無為而無不為

为学日益，为道日损，
损之又损，以至于无为，
无为而无不为。

"为学日益"，什么叫学问？学问是靠知识、读书、经验，一点一滴慢慢累积起来的。今天懂一点，明天再懂一点，后天又懂一点，多一分努力就多一分的收获，这就是做学问。人为的学问是有为法，是有为之道，要慢慢累积增加起来，不是一步登天。"为道日损"，学道与做学问相反，是要丢掉，"日损"就是一天丢一点，明天再丢一点，什么都要放下丢掉。修道的人，经常笑自己，一方面有欲望学道，一方面又不肯放弃读书，爱读书就是最大的欲望。

总之，求学问是一点点累积起来的，愈加愈多，知识也愈加愈多；修道是把所有的知识学问，以及一切心中所有的，慢慢地减少。所以学问是加法，修道是减法；做学问是吃补药，修道是吃泻药，什么都要空掉，这两者相反。

"损之又损，以至于无为"，一切都空，空到了最后连空也把它空掉，空到一无所有；然后无所不有，一切皆知，一切皆有，就是这个简单的道理。文字很简单，意义也很简单，一说就明白了。问题是，做起来很难！如何能够把自己损之又损，放弃了又放弃，放到了一无所有之处，才能到达无所不知无所不有的境界！

一般学道的人，都是求有，自己实际上都在加。本来道理上知道是空，而在做工夫的方法上，自己都是在加。有的人学佛学道，有一个功利目的的思想；对世间的事情失意了，失败了，或者看不惯了，或者自己不合适了，就跑来修道。心中想，也许这方面可以超越，学会了比别人好，学会了可以解脱生死，可以跑到太空去玩……这种思想都是功利主义的思想，是"为学日益"的思想和动机，与"为道日损"完全背道而驰，也就是修道不可能成功的。

老子在这里清楚地告诉我们，人生在世能够学问成就，或修道成就，就要有两种能力："提得起"是做学问要"为学日益"；"放得下"是修道要"为道日损"，一切放下。但是普通一个人，能够具备这两种能力，两种智慧，两种勇气，所谓智勇双全，就太难了。普通的人，叫他做学问，才用功读了一个礼拜的书，便觉得很累，就停下来去玩了，为学不能日益。去修道做工夫的话，放不下，刚打坐几天，又觉得一天到晚坐着，淡而无味，浪费时间，也要跑出去玩玩，所以"为道日损"也做不到。因此，一般人多半都在为学未益、为道未损的情况下，提也提不起，放也放不下，就那样过了一生。这就是我们读了《老子》以后，自己应该反省的地方。

元 孙君泽 高士观眺图

取天下者常以無事

取天下常以无事。

　　老子说，以无事而取天下是最高的道德，就是做事业也要以之为最高道德标准。这也就是最高的政治哲学，也是最高的谋略。中国的历史，是讲究无事取天下的，尧、舜、禹可以说是如此，禹以后商汤、文、武、周公、孔子，历代的圣王，差不多都是如此。说到孔子，虽然他没有取天下，不过他取了另一个天下，就是空的天下，所以被称为素王。素王是没有土地的皇帝，换言之，他是文化王国的帝王，在文化王国中，他号令数千年，甚至可以号令万代。这样取天下，是历史上取天下的标准，也就是以无事来取天下。"无事"就是只要求自己行为的功德成就，道德的成就；不是以谋略，不是以手段，不是以有为的功业来取天下。所要求的，仅是自己内在的圣人之道。虽众望之所归，那是余事，不是本事；本事就是本分的事，就是学道，学习如何完成一个圣人之道。所谓学道，学圣人之道，当然不是我们现在打坐的修道；打坐修道是修道的一种而已。而修圣人之道，则是道德行为内外的成就。

及其有事

不足以取天下

及其有事，不足以取天下。

以力量功业打下来的天下，是有事取得的天下。所以，秦汉以后的中国历史而言，都是有事取天下。因此，我们在历史哲学上，可以用两个观点来看，三代以上所谓的公天下，是以道德治天下，不是以战功取天下。秦汉以后必须有功在人间，尤其是战功，这也就是以武功取天下的。所以，秦汉以后取天下，就是老子所讲的有事取天下。有事取得了天下，也是成功，当时也有了天下，但是老子为什么又说这样是"不足以取天下"呢？这就是我们中国历史哲学的特点，正如孟子所提过的"以德服人者王，以力服人者霸"。到秦汉以后，以战功而统一国家天下的，都不是以德服人，表面上以王道做号召，实际上是霸道。"以力服人者霸"，就是以战功使人不能不服从。同样两个"服"字，意义完全不同。老子所讲的道理，加以引申，提出一个王道，就是道德政治的哲学，也就是政治道德。

聖人無常心
以百姓心為心

圣人无常心，以百姓心为心。

　　真正有道的圣人，是用无常心治天下的。所谓"无常心"就是没有主观的成见，没有我见，没有主见。那么有道的圣人，以什么为心呢？"以百姓心为心"。一切人的需要，一切人的心理思想，就是他的心理思想，这就是现代所谓民主自由的真正道德精神。这也就是以大家的意志为意志，以大家的需要为需要，而替大家完成。要真正做到这些，才是"以百姓心为心"，才够得上是真正的圣人。

善者吾善之
不善者吾亦善之德善矣
信者吾信之
不信者吾亦信之德信矣

善者吾善之，不善者吾亦善之，德善。
信者吾信之，不信者吾亦信之，德信。

　　善人有好的意见，令人特别地高兴，对好人也会特别喜欢。"不善者吾亦善之"，坏人所持反对的意见也是意见，只不过他这个意见与善人的意见相反而已。一个圣人，爱一切的善人，也爱一切的坏人，因为坏人更应该要救，更要帮助他。信我者得救，不信我者更要救。中国人所讲圣人之心，不是说信我者得救，不信我者就滚开；中国的圣人没有说不救坏人这个事，这是"德善"。一个得道的人，他在行为道德上必然是如此，做到至善的境界。对于好的人固然觉得可爱，值得钦佩；不好的人更值得怜悯，更值得同情。"信者吾信之，不信者吾亦信之，德信。"这个人有道德，相信道德，他当然是我所信的，也会对他更好；反对道德的那些坏人，我一样信他们。信他们什么呢？相信人性本善，有一天他们会自己觉悟的，会走上道德这条路的。

聖人皆孩之

圣人皆孩之。

从圣人境界的角度，看世界上一切众生都是小孩，圣人永远爱护着他们，永远教化他们，不会与他们对立。换句话说，圣人看天下任何一个人，甚至上帝，也都看成小孩，得道不得道都一样。所谓圣人之心以天地为心，拿人道来讲，圣人之道是以父母为心。等于他就是一切人的父母，他看天下一切人，如自己的子女一般。子女有好有坏，老大很好，老二很坏，不论好坏，总是自己的子女，一样要教养他感化他。

出生入死

出生入死。

　　出来就叫作生，进去就叫作死，在文字上解释"出生入死"，就是这个意思。后来用之于兵法，打仗时在敌人的阵地里进进出出，称作"出生入死"。文字很清楚，道理就是中国远古的哲学源流对于生死的看法，对生死的一种观念。所谓生死问题，在其他的宗教，包括佛教在内，或为重大的问题；但在我们中国文化中，自上古几千年以前所流传下来的观念，对生死不看成问题。所以尧、舜跟大禹王都认为是"生者寄也，死者归也"。人生在这个世界上，是做客人寄住的，像住旅馆一样，所以在文学上有李白的"夫天地者万物之逆旅也，光阴者百代之过客也，浮生若梦，为欢几何"的名句，都是来自这种思想。人生下来是寄住在这世间，死掉就是回去了。所以是"生者寄也，死者归也"。

道生之德畜之

物形之势成之

道生之，德畜之，
物形之，势成之。

这四个阶段，是宇宙万物生命的根本，生生不已。中国道家的思想文化，把这个生命的根本叫作道。在西方哲学上可以说是形而上的那个本体，宗教家叫它是上帝，或者是主宰，或叫作神，叫作如来、真如、佛，很多的代名词。中国文化中的代名有两种，一种叫道或者叫它天，还有一个用数理的代名叫作易，实际上都是同一个东西。

"道生之"，道为体，有体必有用，就是本身具备了这个生命的功能。但必须要加上"德"，"德"是用来保养它、培养它的，即所谓"德畜之"。有"道"没有"德"来保养，这个"道"就不可能修成。我们看佛家以及其他比较宗教的书，讲到"道"时，都要注重行为的道德；没有行为的道德，"道"是修不成功的。换句话说，我们一个人打坐修道，除了坐而言之，坐而定之，还要起而行之。所以道德行为是修道的基础。子思在《中庸》上说，"苟无其德，不敢作礼乐焉"，没有真正的善行，没有道德的成就，那个"道"是修不成的，所以"道生之，德畜之"。"道"便是生命"生"的力量，等于有了动力能源。但是这个能源，如果没有相当的工具去好好把握它，就会被浪费掉了。要想把这个能源用得适当，就是"德畜之"。

体和用两方面何时起作用呢？"物形之，势成之"，宇宙万有的这些物质，是"道"与"德"形成的形象而已，有其第三种功用，所以有体有用，然后生出了万物的形象。形成万有形象以后，就构成了"势"，那是一股力量，形成了一种生命，完成一个生命的所需。比如一颗种子，种在泥土里，这是"道生之"，但是必须要得到日光、空气、水来培养他，这就是"德畜之"。慢慢这颗种子由泥土中抽芽，开花而结果，最后我们可以吃到果实如苹果、杜果等，是为"物形之"。但是今天种下一颗种子，不是明天就得到果实，必须要有一个力量形成，那就是"势成之"。慢慢地形成，慢慢地成长，所以在其用上，"势"有极重要的地位。

"势成之"，生命的力量形成为"势"，懂得这个道理才会懂得修道。所以要把握住那股"势"，不管打坐、学佛、练工夫；甚至身上气脉动了的时候，只要把握住那个"势"，生命的力量就可挽回。比如中国的医学，有时候对病人也有起死回生的功效，真正最高明的医生，利用病人本身生理最后一点点微细的"势"还存在的生命力量，药下去刚巧把他生命的力量调动上来，把他救了。医道到达这个程度，差不多近乎"道"了。虽然只是医学上的一种技术，却都是高度的智慧，这不是一般读了几本医书的中医所可以了解的。所以说，万物的形象，万有的形成，跟生命力量的形成，都与"势"有关系的。因此，把握"势"这股力量非常重要。另外，所谓时势造英雄，英雄造时势，时间也是一种重要的"势"。

生命的功能也是这样，有些人打坐时有了内热的情形，身体内部的力量起来了，也就是台风起来的道理。学道学佛的修持工夫，如果不懂物理医理，不懂这些哲学上的道理，就没有办法进步。在修持过程中，每一个境界，每一个情况的出现，都要晓得它的道理，晓得运用那个"势"，而后成之，才可以得到长生不老的效果；否则，反而修成短命缩年，那就很冤枉了。

"道生之，德畜之，物形之，势成之"四个程序，就是物理世界由幻有而形成的原则，也就是摄生之道，同时又是我们为人处世之道、成功事业之道的一个大原则。这四个程序要发挥起来，含义非常深远，也非常之多，这要我们自己慢慢去体会去了解了。

天下有始以為天下母

既得其母以知其子

既知其子復守其母

沒身不殆

天下有始，以为天下母。
既得其母，以知其子；
既知其子，复守其母，没身不殆。

　　我们生命本来的"母"，就是来源的意思，后来禅宗就叫做本来面目。你要把这个生命本来的根源找到，才算是找到了"食母"，那就可以长生不死了。

　　"天下"——这个宇宙间，就有一个根源，万有本身最初的那个东西，就是形而上本体。本体发动了，就是"有始"，这个生命的根源，老子给它取一个名字叫作"天下母"，万有都是它所生出来的。所以先要把这个根源找到。

　　"既得其母"，找到了根源，"以知其子"，就认识他的儿子了，儿子是妈妈生的，找到他妈妈，自然就认识他的儿子。换言之，先找到根本，把生命根本找到之后，就可以了解自己现有的生命，以及生命成长的这股力量，这也就是它的子。后来道家所谓的炼精化气、炼气化神，就是由子而修到母；把后天的生命恢复到先天，修到神仙长生不死的境界。所以说"既知其子，复守其母"，回转来修到原始那个根源的地方。

塞其兌閉其門

終身不勤

開其兌濟其事

終身不救

塞其兑，闭其门，终身不勤；
开其兑，济其事，终身不救。

兑是《易经》上的卦名，"兑上缺"，下面两横，上面一横的中间断缺为二，这是兑卦。"兑为泽"是水，代表海洋，在人体是嘴巴，是有漏洞有缺口的地方。

"塞其兑"，实际上"兑"也并不完全指身上开口处，也指心理上的渗漏。不管是生理或心理渗漏，都要把它圆满起来，眼睛耳朵都要全部封闭起来。"终身不勤"，从文字表面上解释，偷懒的青少年们，似乎可以把这句话拿给父母看，推说这是学老子的"终身不勤"，所以不必读书做事了。"终身不勤"并不是勤快的"勤"，而是形容一辈子不会忙忙碌碌，始终是从容不迫的；也就是《大学》《中庸》所讲的中庸之道，为人处世从容中道的"终身不勤"。

"开其兑"，一个人活着时，拼命消耗自己的生命，九窍漏洞统统地打开；"济其事"，整天忙忙碌碌，一辈子为人世间事务忙。这样一来这个人就"终身不救"，救不了啦！消耗到完了为止。

見小曰明

守柔曰强

用其光

復歸其明

见小曰明，守柔曰强。
用其光，复归其明。

　　一个人真正要恢复自己的本来，发展自己的生命，就不要把自己的精神消耗在后天的世事之中。我们这个身体的生命，像个干电池一样，充电并不多却消耗得很快，一下子就干涸了。"见小"是如何减少耗用，"曰明"是保养得好，慢慢就变成了一个大的光明。要用得吝啬一点，减省一点，才能保持这个身体的长远存在。宇宙给你的生命就是充电，抓得住，慢慢充了电，光明就大起来。修道以前，虽然看起来光明很小，最后成就了，能用出来的则无比地大。"守柔曰强"，保持"守柔"的结果，一切柔软，脾气情绪都平复下去，达到所谓温柔的境界。"守柔"到极点就是坚强，这个生命就永远持续下去了。

　　说到光，就要谈到我们人的眼睛。我经常说，现在的灯光太过强烈，老在这种强烈的灯光下读书，两个眼睛鼓起来像电灯泡一样盯在书本上，每个人眼睛都读坏了，成为高度的近视。我们当年读书哪有什么电灯！最初电灯来的时候，乡下人还拿个火柴去点火，奇怪怎么点不亮！那时都是点清油灯，后来点煤油，叫洋油灯。小小的洋油灯那一种光度，和现在牛排馆、咖啡馆所用的蜡烛一样这么一点点，所以现在看到这种灯特别亲切。在这种灯下面看书，或者看小说，眼睛并没看坏。现在年轻人眼睛是看书看坏了，因为不会"用其光"。我经常告诉大家，看书不要盯着书看，要把书放到前面，用眼睛把书的字拉回，在脑子里面反应过来。比如自己就是个录影机，最后把书一合，这句话在哪一页、第几行，那个印象就已留在脑中了。所以读书最重要的是"用其光"。就算现在已经近视了，如果晓得用光，眼睛看东西时，用意念把物象拉回来，近视就会减轻。眼光愈向前面直射，愈会伤害眼睛。

许多戴眼镜的近视朋友，看起来很吃力！眼睛鼓得好大，像个探照灯一样外射，这个眼睛当然愈来愈坏。正确的看法，像看电影时，眼睛半开半闭，让电影的画面影像进来，看完了也就晓得了；充其量，爱哭的跟着电影哭一场，可笑的就笑一笑，过去就算了。所以，不要把眼睛瞪着，眼神投到银幕上去盯住看，那个物理的电波光波的刺激，把眼神经都破坏了，脑子也不灵光了，思想也不灵光了，反应也笨。戴眼镜的人，反应都是这样迟钝，这就是告诉你们"用其光"的道理，是要把这个光返照，回转来照到自己里头去。"复归其明"，这是真实的，把老子的这句话紧紧把握住，认真去做，近视眼的同学听我说《老子》也听了几个月，不能白听啊！这个方法不妨试试看。只有几个字"用其光"，看东西尽量少像探照灯一样直射出去，要收回来物的形象，把一切光芒的影像吸收到自己的眼神经里去，慢慢你的视力、脑力、聪明、智慧会恢复过来，这样才会"复归其明"。

雉施是畏

惟施是畏。

"施"是布施，要知道布施是可怕的。为什么可怕？因为天地生成了万物，布施给我们；换句话说，人是靠天地万物，靠国家社会，靠大家的布施而生存。尤其现代都市的青年们，有几个人下田种过一颗米？却嫌电饭锅煮的饭不好吃；有几个人做过一件衣服呢？还嫌衣服穿得不舒服。吃穿都是人类众生给我们的恩惠，我们接受了一切的布施，而我们并没有还报，这就是可怕的道理。所以说真正的道德是付出，不希望收受进来；可是人之所以没有道德，是因为相反的想法，不能介于天地，不能给天地什么，只是接受。人都是接受父母的、家庭的、社会的、国家的，自己的生命才能活着。我们自己反省有何德何能？给社会、给国家、给别人的是什么？什么都没有！所以"惟施是畏"，要警觉这个道理，随时有恐惧之心，检查自己生命的意义何在。

善建者不拔

善抱者不脫

子孫祭祀不輟

善建者不拔，善抱者不脱。

子孙以祭祀不辍。

一个真正会建筑的人，插一个棍子在地下，别人也拔不掉。依我看来，除了老天爷建了一座山在地上，别人永远拔不掉之外，世界上没有拔不掉的建筑物，当然也没有善建者。真正能够建立而动摇不了的，那是一句话，它包括思想方面、道德方面、精神方面的一项真正的学问，一个真理。像老子本身就是"善建者不拔"，他的道德思想，后世经千万年不衰。多少人研究他，多少人企图推翻他，但是推翻不了，也动摇不了。

孔子也是一样，建立了一个道德的基础标准，摇撼不动。所以只有他可以称作圣人，只有他可以与天地并存，就像天地建起来了一座喜马拉雅山，建筑了一座阿里山，没有人可以拨动这个物理世界。所以，只有道德文章的建立不是别人能够动摇的，这就是"善建者不拔"的道理。用之于做人做事，用之于创业，就要有高度的智慧，能建立一个东西，绝非他人所能动摇得了的，这也是"善建者不拔"的道理。

"善抱者不脱"，真会抱的人，把东西箍住了，怎么样都脱不了身。那是什么样的"善抱"？爱情就是"善抱者不脱"，感情这个东西就是"善抱"的，把你抱住了，你一点办法都没有，因为你解脱不了；真能解脱的话，那就成仙成佛了。从另一个角度来看，老子也告诉我们，对于一个道德观念、一个真正的真理，就要牢牢抱住，绝对不要放弃。如果对于道德的真理，热心一阵子又休息一阵子，有时懒有时又反感，那是因为自己没有真正把握到道德的真理，当然就不是"善抱者"。

懂了"善建者不拔，善抱者不脱"这句话，好比懂得了一个秘诀，把这秘诀用之于做学问、修德业，或随便做什么，都会受用无穷，可以立万世之功，建千秋之业，即所谓"子孙以祭祀不辍"，永远留之于后世。我们以几位宗教的教主来讲，老子、孔子、释迦牟尼佛、耶稣、穆罕默德、摩西等等这些人，都是"善建者不拔"。他们建立了一个东西，一个道德的规范，思想的标准，可与太阳同存，除非太阳爆炸毁坏，否则他们的教化永远存在。

我常告诉青年同学们，一个人的事业，有的甚至是终身事业，一生有钱、有声名、有地位、有权力，但是，最多十年二十年，过去就没有了，最后连人都看不见了。比如说，我们随便提一个问题，唐太宗的姓名是什么？如果在电视节目问，观众立刻作答，也许三分之二以上可以答出来，至少有三分之一已经把他的姓名忘记了，而他当时却威风了几十年。

再看另外这几个人就很不同了，那是释迦牟尼、孔子、老子、耶稣等人，放弃了这一世的一切，建立千秋万代的事业，只要地球、月亮、太阳这三个在运转，他们的事业就永远存在，这是"善建者不拔，善抱者不脱"，谁也没有办法摆脱他们建立的规范。随便你讲了多少道理，他们的影响力量始终存在。即使是反对他们的学说，看了就不喜欢，实际上反对者已经受了他们的影响。这个就是"子孙以祭祀不辍"的道理，千秋万代永远不朽。

知者不言

言者不知

知者不言，言者不知。

　　很多成功的人物，多为"沉默寡言"型。但是沉默寡言的人，不是完全不说话，而是少话；一说话就是中心点，很扼要又中肯，这是成功人物的一个特点。

和其光
其

同其塵

和其光，同其尘。

　　什么是做人最高的艺术呢？就是不高也不低，不好也不坏，非常平淡，"和其光，同其尘"，平安地过一生，最为幸福。

以奇用兵

以奇用兵。

凡是涉及用兵，涉及谋略等，总不外"出奇制胜"四字。不但用兵如此，即使经商、创业，都要"出奇制胜"；就连青年学子参加联考，也要能"出奇制胜"，要猜题"出奇制胜"才行。

换言之，要有个人的才具、本事、高度的智慧，才能出奇以制胜。关于这个"奇"字，发挥起来，则千变万化，人莫能测。更有"以正为奇"，走很正的路子，就是至高的奇。

我常告诉年轻人，不要玩弄自己的聪明，不要用手段，不要动歪脑筋。这一百年来，也可说近八十年来，世界的变化，国家的变化，社会的变化，训练得每一个青年的脑子都很厉害，各个人的本事都很大，人人都是诸葛亮。当然只是半个诸葛亮，只"亮"了一半，就是坏的那一半很"亮"。

所以，在这个时代，以聪明对聪明，办法对办法，手段对手段，是必然遭致失败的。在未来的时代，只有不用聪明的聪明，不用办法的办法，不玩手段的手段，诚恳、老实，才会获致真正的成功。因此，应该"以正为奇"，走正道；不过在某一时间，某一社会，某一环境，尢其在一种非常愚笨的时期或社会中，是需要用一点智慧的，那是真正的"奇"，其实那也是正道。

以無事取天下

以无事取天下。

　　这句话，是老子学术思想的精华所在，这要特别注意。有一种人，有道德、有学问，又无心于取天下，但他的道德修养，反为天下所归。我们中国上古史中有榜样，尧、舜、禹乃至于周朝的文王父子，尤其是文王，都是"以无事取天下"的。在文王的时代，三分天下有其二，天下一半以上是他的，他决不想动，不想为天下第一人。后来他儿子起来革命，是另外一回事。所以历史上，始终赞誉文王之德。其实在殷商时代，文王已经三分天下有其二，是否是"以奇用兵"来取天下的？不是，而是天下归心，天下敬服于他的道德。如果以现代的观念及术语来说，那是他政治作战的成功；更贴切地说，这是他教化牧养百姓的成功。而最高的原则是道德，是无所求，对百姓毫无所求，这就是"以无事取天下"的道理。

天下多忌諱

而民弥貧

天下多忌讳，而民弥贫。

　　一个国家，一个社会，禁令愈多，人民什么都不敢做，不能做，于是物质上就愈贫穷，精神上也更贫穷，贫穷到痛苦的地步。

人多伎巧

奇物滋起

人多伎巧，奇物滋起。

我们现在这个时代，科技发达，人的头脑越来越灵光，物质的享受越来越高明，越来越奇特。例如冷气机，也许五年、十年以后，不必要这样一个大箱装在墙上，也许会像一份月历一样，在墙上一挂，就可以调节空气了。"奇物滋起"，人人好奇，都要研究，制造出来的东西就越奇怪，越便利。这个现象，大家称之为社会的进步。这所谓的进步，我常说，如果以文化的立场来看，以精神层面来探讨，并不一定会予以肯定。以物质文明的发展而言，历史愈往前进，物质文明生活愈便利；但以精神文化而言，人类文化反而越来越退步、退化。无论古今中外，人类文化思想是同源的，都觉得后来的人比较进步，后来的社会一定是在前面，所以说进步与退步的说法，应该有一个界线。因此，以现代看到的，所谓社会越进步，则"人多伎巧，奇物滋起"的情形越严重。

禍兮福所倚福兮禍所伏

孰知其極其無正邪

正復為奇善復為妖

祸兮福之所倚，福兮祸之所伏。
孰知其极？其无正。
正复为奇，善复为妖。

　　祸与福是互为因果的。一个人正在得意时，就要知道得意
正是失意的开始；而失意，却正是得意的起端。对于人生得失
的感受，在于各人的观点看法如何。这就是哲学问题。常听人
说某人有福，但福为"祸之所伏"，看来有福时，可能祸就快
要来了。我们中国有句谚语，"人怕出名猪怕肥"，猪肥了算
是有福，可快要被杀了。人发财以后出了名，大家都知道，同
时麻烦也就来了。一个人官大、名大、钱大，只要三者有其一，
也就麻烦大，痛苦多了。所以"塞翁失马，焉知非福"，这一思想，
就是从道家老子这句话来的。祸害到了极点，福便来了；福到
了极点，跟着便是祸了。这两件事是互为因果，循环交替而来的。
　　但是"孰知其极"，谁知道什么是祸的极点，什么又是福
的极点？人的一生中，万事都要留一步，不要做到极点，享受
也不要到极点，到了极点就完了。例如今天有好的菜肴，因为
好吃，便拼命地吃，吃得饱到十分，甚至饱到十二分；吃过了
头一定要吃帮助消化的药，否则明天要看医生。这就是口福好了，

享受极了，反而害了肠胃。如果省一点口福，少吃一点，或者肠胃受一点饿，受点委屈，可是身体会更健康，反而有福了。

知道了这个原理，则"其无正"，不要太正了，正到了极点，岂不就歪了吗？这也就是不要矫枉过正的意思。过正就是过分，就是会歪了。

一个东西偏了，要把它扶正，扶得过分了，又偏向了另一边。就以享受而言，古人的享受就与我们现代不同，如果古人看到我们现在的所谓享受方法与内容，一定要说我们现代的人是一群群的疯子。而现代的年轻人，跳霹雳舞，唱热门歌，看到我们在这里研究两三千年前的老子思想，也会说我们是神经有问题。问题在于各人的观念、看法有所不同，身心的享受不同。至于说哪一种享受、哪一种生活方式是对的，并没有绝对的标准。一切唯心，在于各人自己的看法，矫枉过正了，正也是歪的。

假如一定说打坐、学佛、学道，清净无为就是好的，可是许多年轻人，一天到晚跑寺庙，学佛打坐，而事实上，他们一点也不清净，一点也不无为，更谈不到空。那是自找麻烦，把腿子也搞坏了，不但佛没有学好，道没有学好，连做人也没有做好，学得稀奇古怪。这就是"正复为奇"，学正道学成了神经，就糟了。

"善复为妖"，人相信宗教本来是好事，信得过度了，反而是问题。所以我的老师、禅宗大师盐亭老人袁焕仙先生就说过，世间任何魔都不可怕，只有一个魔最可怕，就是"佛魔"。

有的人看起来一脸的佛样，一身的佛气，一开口就是佛言佛语，这最可怕，所以不要轻易去碰这些人。袁老师说这些话是什么道理？意思就是"正复为奇，善复为妖"，凡事太过就错了。过与不及都是毛病。不聪明固然不好，而聪明太过的人，那属于"善复为妖"，就变成妖怪了。

治人事天
莫如嗇

治人事天，莫若啬。

做人做事要节省，说话也要节省，废话少说，乃至不说。不做浪费的事，集中意志做正当的事，这是对精神的节省，对生命的节省。一个人修道，欲求长生不老，方法很简单，就是不浪费生命，少说废话，少做不必做的事，办事干净利落，简单明了。"事天"则包括宗教的活动，信宗教的人，宗教活动也要节省，不要浪费。古代宗教活动的花样也多得很，信宗教的人参加布方、拜斗等等，各种方法，忙得不得了。这都不对，应该节省自己的生命、精神，所以道家老子的秘诀就是"啬"。老子之所以谓老子，据说他活了几千年不死，就是靠这个"啬"字来的。

道家与佛家的差别在哪里？我个人的看法是：佛家一上手就是"空"，就布施；道家入手就是"啬"，就是节吝，以养精蓄气为主。如果勉强做一个比较宗教的研究，道家所走的这个"啬"字的修持路线，相当于佛家小乘道的路线，罗汉道就是相当于这个路线；大乘的菩萨则是走空与布施的路线。但老子自己不是以"啬"为最高层次的修持，而他在上经第七章所说"后其身而身先，外其身而身存"的主张，等于佛法的大乘道，那是布施。但是后世的道家专门注重老子所说的这个"啬"字，所以说话也不敢讲，而认为"开口神气散，意动火工寒"。所以学道的人不说话，连点头打招呼都认为是浪费。

孔子在《论语》上就说过，季文子这个人遇事三思而后行，孔子听了后说道："再，斯可矣。"有的人解说，三思不够，孔子说还要再想一次，要四次思考。这一种解释并不一定对，遇事思考过度，三思而后行，容易犯错误。因为天地间的事理，只有正反两面，善与恶，是或非，倘再多做思考，则发生了对也不对，不对又对，其间无法定论，不知道该怎么办才好。所以过分的思考，就不合"啬"的道理，这是我的解释。一件事到手，不能大意，要多思考一下，正反面经过思考后，就要有下决心的勇气；否则，越想下去，就越缺乏下决心的勇气。

现在大家风靡的学道，学静坐，学瑜珈，学禅，都是想求长生不老；又求神秘，求神通，搞了许多麻烦的方法，永远也搞不好，就是因为搞得太复杂了，不知道"啬"的原则。

明　沈周　夜坐图

深根固蒂

深根固柢。

做任何一件事情，不要草率，不要任性，不要冲动，不妨慢半拍，慢一拍，必须要慎重。对一件事情，知道动因，就要考虑后果，就会"深根固柢"。

治大國若烹小鮮

治大国若烹小鲜。

　　处理大事要特别小心，要慢一步，不能匆忙大意。青年们前途无量，将来如果做什么大事，不管工商界、学术界，一个大问题到手的时候不能大意，要谨慎小心。但谨慎小心又不要过分，太过分用心，火又太大了，味道就不同了。

　　其实我们每人各有不同的人生境界，在遭遇任何烦恼问题时，在很困扰的时候，记住老子这一句话，治大问题如"烹小鲜"，冷静地思考，慢慢地清理，不要怕艰难。大部分的人没有这种修养，当问题来时就被烦恼困住，一下就被打倒了。

大國者下流
天下之交天下之交牝
常以靜勝牡以靜為下

大国者下流，天下之交，天下之牝。
牝常以静胜牡，以静为下。

　　"下流"代表谦虚之德，像水一样向下流。俗话说："人向高处走，水向低处流。"流水流到最低处时就是海。"下流"是形容像大海一样，包容万象，包容一切；因为天下一切的细流，清、浊、好、坏都归到大海为止。一个真正泱泱大国的风度，要像大海一样，接受一切，容纳一切，善恶是非都能够融化，这也是做人的道理。如果从人道来讲，只换一个字就行了，"大人者下流"。不是大人要学下流，而是学大海一样地包容一切。

　　古人有一副对联"水唯能下方成海，山不矜高自及天"，成为后世做人做事的修养标准，也是口中常念的成语。天下的水，因为能谦下不傲慢，都向下走，低于一切，因此，它能成其大，变成大海，容纳了一切，这是讲谦虚的道理。人类的文化思想是正反相对的，谦虚只是一面，倘使谦虚到没有骨气的程度，没有自己独立的人格，软到像烂泥一样，那就像普通说的"下三烂"了。

　　人自己要有自我超然独立的人格，但并不是傲慢，要像山一样，独立如山。山永远不矜，"矜"是自我的崇拜，山之所以那么高，因为山没有觉得自己很高，高与不高，是人为的观念比较。山自己本身不认为自己高，因为高山的顶上还有最高的那一点泥巴。爬到高山顶上，你觉得还是站在平地一样，所以山高到与天一样地高，就是比喻我们为人与做事的态度与方法，不能傲慢，要学谦虚，但要建立我们自己的人格，有独立不移、顶天而立地的精神，所以"山不矜高自及天"。这两句话看起来是矛盾，其实一点都不矛盾，是有两重的意义。

"天下之交"，是指大海，因为它能够谦下，所以变成全天下的细流都交汇到那里。"天下之牝"，"牝"是指母性，"牡"是男性。"天下之牝，常以静胜牡"，母性的东西都比较慈祥，比较安静；因为它安静柔弱，就战胜刚强，安静克服了一切的动乱。所以"牝常以静胜牡，以静为下"，静态的东西能克服了一切动态的困难，这是静态的伟大，也就是老子讲的"阴"，属于冷静、暗的、清静的。

南宋 马远 水图之云生沧海

大國不過過欲兼畜人

小國不過欲入事人

大国不过欲兼畜人，
小国不过欲入事人。

一个大国，总是想兼并人家，是侵略性。"畜人"等于家庭富了财产多了，收两个干儿子没有关系，养两个孤儿，更有道德。大国兼畜人不是想并吞你，而是保护你，这是中国政治的特色。

我经常对外国朋友讲，中国过去的历史，实在民主，不想侵占别人家的土地。到一个承平的时候，是会帮忙人家"兴灭国，继绝世"，替别国整理好内部，由该国自己选出一个皇帝领袖来交给他们，便退兵了。并没有要求什么条件，只要年年进贡，岁岁来朝，每年来看我们一下就可以了。

实际上那是亏本的生意，别国派一个大使，从南洋送进来一只长颈鹿，一路上政府还要派人保护，直到京城给皇帝为止。而回送的东西更加上好多倍！那个时候琉球、高丽、越南、暹罗、泰国、爪哇等等，本来都是如此，现在暂时不谈了。

大国不过是"兼畜人"，小国呢？"欲入事人"，找个牢固的依靠稳当一点，这是小国的目的。

"夫两者各得其所"，小国既然来依靠你，希望你保护他，你就要尽到做长辈大国的责任，真正能够保护他的安全，他国家人民财产生命，都要归入保护之列。这种保护的道德政治，更要有谦虚心、怜悯心，更要有仁慈心，这样则"两者各得其所"。

我们现在看到的大国，像美国、苏联，照老子的说法，不足道也！这个道理他们绝对不懂。虽然英国人比较了解一点，但英国一向是走侵略路线的，把老庄道家的政治思想反过来用，变成可怕，也偏差了。

所以，我们自己身为中华儿女，要深深懂得最高的政治道

唐 阎立本 职贡图

德和政治哲学。

未来的天下，中国的前途不可知，如果自己没有真正政治道德的基本修养，一旦思想观念错误，大国就成为害天下，小国就变成小喽啰，变成洋化，随时会被人消灭了。这是今天的世界，今天的局面。

老子这本称为《道德经》的书，是政治道德哲学，他始终告诉我们谦下、包容、爱护他人。

雖有拱璧以先駟馬

不如坐進此道

虽有拱璧以先驷马，
不如坐进此道。

　　这是领导人的哲学，商店老板也是一样，每天总要有一点很短的时间，自己能够真正冷静下来，清净无为，不是思考问题，思考都不思考，绝对宁静。这短暂的静定，引发自己智慧的灵光，才能去处理要紧的事情；国家领袖则是处理天下大事，天天这样进步就行了。所以老子说有财富和国宝都"不如坐进此道"，不如每天坐而修养道德。当然，"坐进此道"也许是叫我们打坐，不过老子从来没有提打坐的话，"坐"是宁静下来，住于此道。

為事味

無無無

為事味

为无为，事无事，味无味。

"为无为，事无事"，这是说，一个人看起来没有做什么事情，可是一切事情无形中都做好了。这是讲第一流的人才，第一流的能力，也是真正的领导哲学。

下面加一句"味无味"，世界上真正好的味道，就是没有味道的味道，没有味道是什么味道？就是本来的真味，淡味，那是包含一切味道的。

世界上的烹饪术，大家都承认中国的最高明，一般外国人对中国菜的评价，第一是广东菜，第二是湖南菜，第三是四川菜，等而下之是淮扬菜、北方菜、上海菜等。这种评论是很不了解中国的烹饪。真正好的中国菜，无论标榜什么地方味道，最好的都是"味无味"，只是本味。青菜就是青菜的味道，豆腐就是豆腐的味道；红烧豆腐，不是豆腐的味道，那是红烧的味道。所以，一个高手做菜，是能做好最难做的本味。

有一个学者朋友，也做过校长，大家都晓得他会做菜，但他不轻易为人做菜。临时到他那里，他只好自己动手了。随便一个蛋放上一点盐巴，东一下西一下地炒，味道就好吃得很。那是靠火候，就有很好的本味。

中国人讲交朋友，"君子之交淡如水"，好朋友不是酒肉朋友，不是天天来往，平常很平淡。但这并不是说冷漠无情；朋友碰到困难，或生病之类的事，他就来了。平常无所谓，也许眼睛看看就算打招呼了，可是有真热情。这就是我们中国人所谓的"淡如水"，友情淡得像水一样。大家都喝过水，试问水有没有味道？粗心大意的人一定说水没有味道，那就错了。水是有味道的，什么味道？"淡味"，也就是"无味"。

真正的人生，对于顶天立地的事业，都是在淡然无味的形态中完成的。这个淡然无味，往往是可以震撼千秋的事业，它的精神永远是亘古长存的。比如一个宗教家，一个宗教的教主，在我们看来，他的人生抛弃了一切，甚至牺牲了自我的生命，为了拯救这个世界。他的一生是凄凉寂寞、淡而无味的。可是，他的道德功业影响了千秋万代，这个淡而无味之中，却有着无穷的味道。这也是告诉我们出世学道真正的道理，同时也是告诉我们学问修养，以及修道的原则。

元 倪瓚 江亭山色图

圖難於其易為大於其細

天下之難事必作於易

天下之大事必作於細

图难于其易，为大于其细。
天下难事，必作于易；
天下大事，必作于细。

　　天下最困难的事，对于真有智慧的人来讲，处理时"于其易"，会找到事情的关键点，处理起来就很容易。我经常给年轻同学讲笑话，要他一个人去搬个桌子那样大的石头，他们都面有难色，认为至少需要六七个人才搬得动；告诉他一个人就可以了，不必要把它悬空搬，是要想办法把它转动，走圆圈地转动，几个指头也可以慢慢转得动。只要动了，走圆圈的方法就成功了。做事情的道理也是如此，先要找出要点，如果用力去做，是非常笨的方法，要用"势"。

　　"势"不是力，譬如一个手表很轻很小，就是打到我们也不过是小疙瘩而已。但是，如果远远一掷，加上力学的作用，打到身上可能是几十斤的力量；甚至刚好打到一个要害的穴道，就可致人于死，这是"势"的道理。所以用"势"与用力不同。天下没有困难的事，这是拿破仑吹牛的话，但他最后还是死于困难。天下处处都是困难的事，不要听拿破仑乱吹，还不如《中庸》说得好，看天下没有一件容易的事。这样才可以容易完成，也就是"图难于其易"。能把握要点，找到关键，才容易成功。

"为大于其细"，一件伟大的成就，是从小地方做起的；最伟大的建筑，是从一颗颗沙石堆积起来的。

"天下难事，必作于易。"天下最困难的事情就是容易的事。这里告诉我们后一代的人，不要把天下事看得太容易了，你认为容易做，最后遭遇了大困难。许多事看来太轻易了，事实上天下没有一件容易的事，即使我们端着饭碗，把菜送进口里，似乎是很容易的事，可是有时候还咬到舌头，或者筷子夹的东西掉下来了，因为我们轻视这个动作，觉得它很容易办到。所以不论任何事，看得容易的话，反而困难。

"天下大事，必作于细。"我们经常引用曾国藩的话"大处着眼，小处着手"，因为曾国藩深懂老子的道理，深懂道家。也有的人说只看大处，不必斤斤于小处；当然做事不能斤斤计较于小的地方，要顾全大局。但小处也要注意到，因为"天下大事，必作于细"，很小的、不相干的事，常常会产生大纰漏。甚至于养生之道，也是如此。天气热的时候，很多人生病，常看到青年同学因天热而贪凉，我告诉他小心啊！不要吃冰的东西，回来喝杯午时茶。同学们有时候笑笑，他们心里想，老师就是这样，把我们看得好像都很脆弱。过了几天，很多人都在吃药了，而我老头一点事也没有。所以说饮食气候种种，尤其在立秋、立夏这些节气前后，气候无常，一些学佛的人，应该晓得李清照的词——"乍暖还寒时节，最难将息"，"将息"

就是保养。这是春天写的一首词，到了秋天可改为"忽冷还热时候，最难将息"。李清照就是写"寻寻觅觅，冷冷清清，凄凄惨惨……"的那位小姐。可是"乍暖还寒时节，最难将息"这两句，是很好的人生修养哲学。所以，这一首词在我们生活当中，尤其是关于修道，非常重要。你不要认为打坐可以治百病，不要忽略了生活的细节，一忽略了细节，往往变成重病。

比如最近有一位朋友，一向静坐工夫很好，很自恃，我注意到了，就吩咐他小心啊！他说："不会啊！不对我就打打坐！"我只好对他笑了。结果，这两天倒了，不是打坐倒了，是倒在床上了。这就是忽略了"大事必作于细"的缘故。所以人生要想成功一件事情，没有任何一点小事可以马虎的。欧阳修有两句名言，我经常上课时引用。他说："祸患常积于忽微"，大祸经常出在小地方，很不易注意到的地方。那些毫不相干的小毛病累积起来，就成为大毛病。还有一句，"智勇多困于所溺"，一个人有智慧，有学问，有大勇，可是他有时一点都用不出来，因为你有所溺爱，就会有偏向。甚至情绪上的一点偏向，习惯上的一点偏向，就把你蒙蔽了，你的智慧判断就错误了。这是"祸患常积于忽微，智勇多困于所溺"的道理，所以"大事必作于细"，也就是这个道理。

輕諾必寡信

轻诺必寡信。

一个轻诺的人必定寡信。我经常告诫年轻的同学们，不可随便答允别人的请托。有人托你上街代买一块豆腐，另有个人托你带一包盐巴和糖，你都说可以，结果回来时都忘了，反而害得人菜炒不成，咖啡喝不成，误了别人的事。随便允诺所请则难守信。换句话说，观察一个人，如果是轻诺者，此人多半寡信。

为人之道，不可轻诺而寡信。人生在世，常想做很多事，帮很多人，结果一样都办不成，因为自己没有那么多的精力，没有那么多的时间。《论语》上面记载，子贡问孔子："如有博施于民而能济众，何如？可谓仁乎？"孔子答道："博施济众，尧舜其犹病诸。"想要布施，救天下的人，少吹牛了，救一个算一个，还算切实一点。有一些人动不动要学佛度众生，而事实上自己的太太或先生都度不了，还度什么众生呢？所以，学佛的人注意，随便发愿度一切众生，犯了一个戒，就是轻诺寡信，这是不可以的。

多易多難

多易必多难。

　　把天下事看得太容易了，认为天下事不难，最后，你所遭遇的困难更重。天下事没有一件是容易的，都不可以随便，连对自己都不能轻诺。有些人年轻的时候想做大丈夫，救这个国家，劝他慢慢来，先救自己，有能力再扩而充之；否则自己都救不了，随便吹大牛，就是轻诺。

其

安

易

持

其安易持。

　　如果想立功创业，就要注意"其安易持"这一点。这是什么意思呢？是说平常的事情，如果要继续保持平常是非常难的。所以十多年来，我给人写信，最后的祝福语都是写"恭祝平安"。人生最难得是平安，人生平安就是福气。古人说："百年三万六千日，不在愁中即病中"，人的一生，不是烦恼愁苦就是生病，今天感冒，明天腿痛抽筋，都在生病。所以平安最难，永远保持平安前进是最困难的，真能保持平安，才能保持长久。

　　"其安易持"，无论是个人事业，或者天下国家大事，要能求到长治久安，就很不容易。政治的处理或者公司、行号能保持永远的常态，没有大的变动，已经是莫大的功劳了。创业艰难，守成也不容易，能够保持到长治，"其安易持"，做到平安，才容易保持长久。

其未兆易謀

其未兆易谋。

　　一件事情，国家大事与个人事业都如此，当一个兆头还没有发生时，一个现象还没有出来以前，容易想办法，这是老子"为无为"之道。为什么中国历史上，每逢乱世出来平乱的大半都是道家人物？因为他能够把握"未兆"的原则。一个社会看来很安定的时候，在道家的观点来看，却正是可怕的先兆。比如我们现在的社会，国富兵强，生活富足，然而在我们看来正是很令人担忧的。因为后一代的青年，不知道困苦艰难，没有受过挫折，社会国家一旦发生问题，马上抵抗不住了，这是很严重的。

　　我们可以引用两句古诗："山雨欲来风满楼"，"万木无声知雨来"，这比气象台还要灵验。夏天雷雨要来之前，高楼上的风先来，接着就是雨了，风先雨而来，这是"兆头"。什么叫"未兆"呢？就是当兆头一点影子都没有时，也就是"万木无声"的时候。

　　所以讲中国哲学很难，诗与词中就有高深的哲学道理，因为中华民族非常爱美，尤其对文字的美更讲究，常把最高深的学问放在诗词之中。如果只当文字欣赏那就体会不出来了。我经常说，欲懂中国哲学，必须要先懂诗词，先懂历史，就是这个缘故。

"万木无声"就是"未兆"，没有一点下雨的影子，这时候就应该"知雨来"，晓得不久要下雨了。如果要出门，就赶快带雨伞。遇到天气很闷的时候，有同学出门，一定问他到哪里去，倘使他走得远，就吩咐他带雨伞。不听话的同学，心里一定在笑，老师神经，这么大热的天气，叫我带雨伞！其实纵然不下雨还可以挡太阳，带雨伞总归是好的。

几十年前出门读书时，老祖母一再叮咛带雨伞，夏天出门则叮咛带棉袄。在那个时候出外念书，不像现在是从台南到台北来读书，几个钟头就到了。当年交通困难，往往三两天以上的路程，说不定在路上忽然来一个寒流，所以夏天出门带棉袄，就是"其未兆易谋"。

小至个人创业，大至于治国平天下，就是我们中国文化中的四个字——"深思熟虑"。要好好地想，深深地思考而熟虑，不能马虎，也就是老子讲的"图难于易"。

為之於未有

为之于未有。

　　真正做事业的人，在开始还没有一点影子的时候，已经把基础打好了，这就是高明的人在处事。那和下棋一样，好像随便下一个不相干的棋子，这颗棋子，文学上形容叫作"闲棋一着"。什么叫闲棋？下的这个棋子没有道理，可以下，也可以不下。忽然放一个棋子在那里，看来是不起任何作用的一着闲棋，而实际上是经过"深思熟虑"，预先计算的。多年以后，发展到某个阶段，这里已经有预先的准备，起了大作用，收到大功效，政治上则可以使天下不乱。这就是"为之于未有"。我常常要同学们去做某些事，有人觉得我啰唆厌烦，有些同学问这是什么意思，我告诉他们，一旦发生问题就大有关系。这就是"为之于未有"，问题没有来，但要先做安排。

合抱之木生於毫末

合抱之木生于毫末。

原始森林中，有如阿里山的神木，一个人抱不了，要许多人联手合围才能环抱。这样的大树如何长大的？"生于毫末"，也是从一株秋毫小苗长起来的。初生婴儿身上的毛，若有若无，叫作毫毛，在毛的顶巅上一点点，显微镜才看得见的，叫作"毫末"。树苗刚刚生出来的，也是毫末一样。讲到这里，我也经常引用古人这首诗，鼓励青年们要注意，这首诗可以背起来：

　　自少齐埋于小草，而今渐却出蓬蒿。

　　时人不识凌云干，直到凌云始道高。

人不要动不动想去自杀，我一点都不同情这种人，没出息嘛！父母给你一个身体，不能做顶天立地的事情，想不开有什么用呢？看了古人这首诗，就要懂得这个道理。这一首诗是哲学，所以中国的哲学都在诗里，虽是写一棵松树，实际的意思是要我们懂得人生。山上一棵大松树，大陆上有些古松，在空中看来像一条龙一样。这棵松树在小的时候，"自少齐埋于小草"，如老子说的"合抱之木生于毫末"，它与一般草一样，种在那里。

它缓缓慢慢地长出来了，渐渐出蓬蒿，顶天立地，像阿里山那棵神木一样，许多人对它还要烧香顶礼膜拜呢！

可是，当这棵树小的时候，看它很平凡。"直到凌云始道高"。一般人只是看成果，不晓得看前因；等到树木长到天一样高，仰头来看，头上的帽子都因仰头掉下来，这时才说：哦！好高啊！绝不会在幼小的时候看出它的高，这就是人生。所以，青年同学们要注意，人贵自立，要自己站起来，不要刚刚出头，就想要别人赞美你高，那是高不起来的；等自己真的长高了，别人自然会说，好高啊！这说明了人生的道理，也是解释"合抱之木生于毫末"的道理。另外一首诗，我也经常引用，要青年同学们注意：

雨后山中蔓草荣，沿溪漫谷可怜生。

寻常岂藉栽培力，自得天机自长成。

这些都要背熟，自己遇到困难的时候，高歌一曲，困难所产生的苦闷就化解了，也得到无比的鼓励；这和祈祷上帝或跪在菩萨前面一样地好。一阵大雨过后，到山中一看，沿着山谷流水边，蔓草已经长出来了。这些草也不靠人浇肥料，无人帮忙，是靠它们自己的生命力，满山满谷在生长，那是自得天机，自然得到天地生命的力量，自我站起来的。一个人的成功，也须具备这样大的勇气。

这两首诗，我从小几岁背到现在。有时候，自己碰到真正困难的事情，念佛、祷告上帝仍无法定下来的时候，"寻常岂

368

藉栽培力,自得天机自长成",要有这个勇气,要有这个魄力,这才真是懂得中国文化的精神。人不必希望别人的恭维,要自己站起来;能站起来,自然有人仰头看,叫好拍掌的都来了。可是到那时候,千万不要受到掌声的影响,试看那大树旁有人又唱歌,又跳舞,又烧香膜拜,大树也是置之不理啊!

為者敗之執者失之

是以聖人無為故無敗

無執故無失

为者败之，执者失之。

是以圣人无为故无败，无执故无失。

一个人太懂得有所作为，反而会失败。为什么呢？孟子也讲过"揠苗助长"的故事，说宋国有一个人种田，种下以后，天天去看，感觉不到禾苗在长，心里很急，干脆帮忙把禾苗拔高一点。被他这样一拔，结果稻子都死掉了，这是说有所作为反而失败的道理。必须要慢慢地等待，成功不是偶然的，有时要分秒必争，有时则是分秒不可争。必争者是我们人自己分秒都要努力；不可争者，因为时光是有隧道的，要分秒都到了才可以。不要早晨起来就希望天黑，这是不可能的，太阳的躔度是一点一滴慢慢来的。

我经常以自己的经验以及年轻时的感受，替青年们着想，所以劝青年人凡事慢慢来，大概要等十年以后再看如何。当我二十岁左右的时候，有人告诉我：你这样子大概三十岁或许会有成功的希望。听了这话很灰心，好泄气，以为还要十年的时间，哪能等那么久！谁知道一回头，现在都已过了几十年了，这是没有办法的事，只有自己去体会，急是急不来的。孟子也说过：

"虽有智慧，不如乘势；虽有镃基，不如待时。"时空两个因素是无法忽略的，尽管急切，却一点办法也没有。如果忽略时间与空间的因素，非要立刻做到某种程度不可，结果只有"失之"了。这是因为有为而失败，不是"为无为"，所以是"执者失之"。

但是，你不要受骗，不要固执这个原则，因为，天下事不断在变，时空也不断在变，天地万物一切人与事都是随时在变，随地在变，没有不变的。有时讲错了话不禁脸红，转念一想没有关系啊！就不脸红了；再过片刻，自己还越想越有道理，还有支持自己的理由呢！所以时空随时在变，若执着呆定不变当作法则，就错了。

"执者失之"，抓得太紧也是错的，"是以圣人无为故无败，无执故无失"。这是告诉我们人生大哲学，也是做人做事的一个大原则。他说我们上古圣人有道之士，懂得了这个原则，"是以圣人无为故无败"，所以圣人是处"无为"之道。什么是无为之道？就是"为无为"。千万把握这个重点，否则很容易误认"无为"等于什么都不管。我们这一代，很多讲哲学的人，解释老子"无为"就是万事不管，这种解释影响了这一代青年，使他们走上错误之途，那是可叹的事。圣人因为懂得无为之理，不积极求有所为，所以他不败。

"无执故无失"，因为知道宇宙万事万物随时都在变化，所以圣人不固执成见，而是随时应变、通变。人事更是随时都在变，每一刹那都在变易之中，最重要的是知道应变；应变还不行，要通变，配合变去变，这就是"为无为"。圣人因为能"无执"，能应变、通变，不执着，所以，他不会失败。

民之從事

常於幾成而敗之

民之从事，常于几成而败之。

　　一般人做事"常于几成而败之"，快到成功的时候失败了，爬楼梯还剩一阶就要爬到顶上，突然跌下来，骨头也跌伤了，照 X 光打石膏，这是"几成而败之"。做一件事情，无论小事或大事，快要成功时就是最危险的时候。因为快成功会使自己昏了头，一高兴，眼前的成功反而成为"一失足成千古恨，再回首已百年身"。纵然不死，却要再重新开始了。所以说一般人多半是"几成而败之"，在几乎快要成功的时候反而失败了。

　　但是，要注意"几"字，再进一步做更深一层地讲，成败都有它的先机，有它的关键。先机是什么？是"未兆易谋"那个兆头。一件事情的成败，常有些前后相关的现象，当你动作的时候，它已经有现象了，自己没有智慧看不出来；如能把握那个"机"，就不至于失败。所以，一般的人们"几成而败之"，是因为把坏的机看成成功的机，自己看不清楚，结果失败了。

慎終如始

則無敗事

慎终如始，则无败事。

　　青年同学们对这几个字要好好记在脑海里，这是一生成功的大原则。他告诉我们，到了成功的时候，你要保持开始时的那个态度，那个本色。即使做了最伟大的事，戴上皇冠，坐在皇位上的时候，也要心中无事，就像在妈妈怀抱里一样地平凡，那就真的成功了。更要知前因后果，不要因为成功就得意，因为学问、事业有成就而满足得昏了头。这样马上就会"几成而败"，失败了。在爬到最高的时候，始终保持开始时那个心情，你就永远是成功，因为你不自满不骄慢，很平凡。"慎终如始，则无败事"，任何的成功不要满足，永远保持开始第一天那样的心情，则永远没有失败，永远是进步的。

欲不欲

不貴難得之貨

欲不欲，不贵难得之货。

真正的大欲望是什么？就是消灭我们心中意识上小的欲望。真正做到"无欲"，一切都无所求，那是个大欲望，那是欲为圣人、超人。超人对于物理世间的一切欲望不放在心上，就因为能如此，才能成为超人，超越于一般常人。所以圣人"欲不欲，不贵难得之货"，"货"就是物质的东西，不要被物质世界的稀奇物品所迷惑了。我们人最容易被物质所骗，钞票、财富代表物质，如被这些东西骗着，人生就变得有限了。充其量多几个钱，如果认为有钱才能享受，那只是人的想象罢了。穷人没有大钱，不知道钱多时的实情，假如富有真到了某一个阶段，对于钱，看都不看，觉得没有意思。当然我们一个月收入几万元，觉得不错了，觉得钱很重要，那些有多少亿的人却不晓得怎么办才好！这么多钱干什么用？吃的穿的用的，差不多都够了，生不带来，死不带去，实在没有道理。所以，圣人"不贵难得之货"，不被物质的东西所迷惑。

學不學

復眾人之所過

学不学，复众人之所过。

　　人们在求学的阶段，要有学问有知识；其实那是半吊子，真正有学问时，中国有句话"学问深时意气平"，学问真到了深的时候，意气就平了，也就是俗话说的"满罐子不响，半罐子响叮当"。从佛学来说，大阿罗汉或者菩萨没有成道以前，都是"有学位"。成了佛叫作"无学位"。这个"无学位"不是戴方帽子的学位，是已经达到不需要再学的位阶了，已经到顶，最高最高了。但是最高处也是最平凡处，最平凡处也是最高处。所以，真正的学问好像是"不学"——没有学问，大智若愚。"复众人之所过"，恢复到比一般人还平凡。平凡太过分了，笨得太过分了，就算聪明也聪明得太过分了，都不对。有些朋友相反，就是又不笨又不聪明得太过分。真正有道之士，便"复众人之所过"，不做得过分，也就是最平凡。真正的学问是了解了这个道理，修养修道是修到这个境界。

欲上人
以其言下之

欲上民，必以言下之。

要想做一个领导人，一个居上位的人，"必以言下之"，最少要做到说话不刻薄，态度也要尽量谦虚。我们已经再三提过，历史小说上也写过，中国的皇帝自称"寡人""孤家"，在汉朝的时候，最喜欢称孤道寡，"孤"就是"寡"，"寡"就是"孤"。广东人骂人"孤寒"或"孤寒鬼"，被骂的会很生气；而先王自称"寡人""孤家"，就是谦虚，表示全国百姓你们诸位都好，我自己是倒霉鬼。假使古代皇帝自称倒霉鬼，老百姓就不敢称自己倒霉了。当时如果老百姓自称"孤家""寡人"，那是要杀头的，所以后来在历史文化上"孤""寡"成为专有名称。这也是由"必以言下"的谦虚态度，表示一切老百姓是主人，我这个寡人是奴仆，寡德之人，来替你们做事的意思。

我有三寶保而持之
一曰慈二曰儉
三曰不敢為天下先

我有三宝，持而保之：

一曰慈，二曰俭，三曰不敢为天下先。

　　老子告诉我们三件法宝，不管做人做事，创业立功，上至帝王领导了全世界，下至在家里做家长，都离不开这三宝。

　　第一件宝"曰慈"，对人对事无不仁慈，而且要爱人，处处爱人，处处仁慈，这是第一件宝。

　　第二件宝"曰俭"，依我看来，每一个人都是非常节俭的，三个人出去吃饭付钞票时要掏半天，这可不是老子的俭。老子说的俭，是指精神的消耗；言语、行为、时间都要节省，都要简化，话不要啰唆，要简单明了。所以一个善于处世的人非常简单明了，也就是老子的"无为"之道，因为太简化了，看不出他有所作为。当然有些人简化到使人搞不清楚，问他对不对？好不好？他也不说一个字。我说：你讲话啊！只要他点一个头代表"对"或"不对"就行了。这像是简化到无为，连开口都懒得开了。也有些人是这种个性，又过于俭了，也不对。但是，比不简还是好些。

　　第三件宝是"不敢为天下先"，这句话的意思并非自甘堕落。比方我有一个朋友，两夫妻都非常好客，经常宾客满座，有时我去了，他家已宾客盈门，座无虚席，我不要他招呼，就径自上楼去，叫用人煮一小碗面吃了就好。有一次他告诉我，你学佛真学得好，将来不要念佛就会升天成佛！

我请教他什么意思，他说，就凭你到我家来就可以看出来了！你一看到人多就上楼，又不要我招呼，随便吃一小碗就好了，这种态度，就够资格成佛了。但是我深深得到一个经验，做客一定要先到，可不必主人家久等，到了以后，看到人多位子不够坐，明明饿着肚子，也表示自己吃过了；或推说别的地方还有应酬，谢了主人就走。这两件功德做到的人，不要念佛一定往生西方。中国有句谚语："见官莫在前，做客莫在后"，打官司不要站在前面，做客不要迟到，人家吃完你才去，那多难堪！所以做客宁可先到。做客的时候，应该记住"不敢为天下先"；这句话的反面当然是"为天下先"，也就是说，第一个早到，但不是有好菜先吃，有好酒先喝。"不敢为天下先"，是否应该为天下后呢？那又不行，所以老子讲的还是中庸之道。一件事情，智慧太过，话说得太少，在后面跟着，结果什么也得不到。所以，既"不敢为天下先"，也不可以为天下后，要恰到好处就成功了。

明 陈洪绶 老子骑牛图

慈故能勇

慈故能勇。

　　一个人真具备了仁慈、才能、大仁大勇，具有爱天下人的心，才有牺牲自我的勇气；真仁慈才有真正的大勇，小仁慈没有真胆子。

僉故能廣

俭故能广。

因为能够简化，所以发挥起来更为广大。比如一个人，假使不简化自己，什么事情都过分地复杂又啰唆，因为精力是有限的，能用的就不广博了。所以能够简化，才能够广博。

现代青年研究佛道、打坐、学禅的，很多都是同样的道理，心中不能真正发慈悲心，不能真正做到简化；自己虽然在学佛、研究禅，自己的欲望却大得很，又想眼通，又想耳通。结果眼通通不了，耳朵也通不了，想打坐入定，结果两腿麻痹胀痛，连路也走不动了，这就是不能"俭"。

"俭"等于佛家所说的"放下"，就是一切欲望都摆脱、都空掉的道理。不过，老子不谈"空"或"无"，他只讲"简化"，因为绝对的"空"以及绝对的"无欲"，一般人是做不到的，所以老子只告诉我们"清心寡欲"。佛家动辄讲"无欲"，绝对没有欲望，那是很难做到的，因为成道也是一个欲望啊！想开悟更是一个大欲望。所以说，老子只能教人"清心寡欲"，"寡欲"也就是"道"的一个修养了。

不敢為天下先

故能成器長

不敢为天下先，故能成器长。

因为不想为天下先，凡事开始就有这样的想法，所以，他能够成为"器"，成为一切事一切人的领导。正如清朝有名的诗人龚定盦诗中的一句，"但开风气不为先"。胡适之就经常引用他这一句话作为处世的准则。胡适之也许受龚定盦的影响很大，不过这句话也只是开一个风气而已，也就是"不敢为天下先"的意思。先者，并不是开始，而是站在人的最前面，这是"为先"的含义。如果能做到"不为天下先"，就能够成长一切事物，"成其器长"，这是领导哲学最重要的地方。

善戰者不怒

善战者不怒。

　　做一个大将军,他的修养是温和好像没有脾气,不轻易动怒。他有高度的智慧,有真正的智慧,也就是具备了战略最高中心的领导能力,所以"善战者不怒"。

善用人者為下

善用人者为之下。

　　善于做领导的人，要比干部姿态低下才好。这个"下"并不是不站在上面，是态度客气不傲慢。所谓"下"，历史上许多名将所秉持的行为是"身先士卒"。任何冒险犯难的事，我自己先来，也就是老子所说的，一切的利益由别人先拿，痛苦困难自己先来。这是"善用人者为之下"的道理，能够做到了，才懂得道德的真正含义。

吾不敢為主而為客

吾不敢为主而为客。

老子在这里是讲战争的艺术，等于战争的应用哲学，看起来是不争取主动，绝对是被动。实际上的意思是不主观，不固执成见，而是绝对地客观。其中哲学的道理，是要进一步了解真正的客观形势。真正的主动是中心不动，不受环境的影响，所以说，"不敢为主而为客"。俗话说"知己知彼，百战百胜"，视客观的形势而动，不固执自己的主观，历史上很多人物把握了这个道理获致成功。有人用了这一节的道理去创业即大获成功，做生意大发财的则屡见不鲜。所以，"不敢为主而为客"这句话，就是善于适应环境，把握时代的脉动，把握一切的条件，而顺着环境自然趋势，达到自己的成功。

不敢進寸而退尺

不敢进寸而退尺。

这个道理，后世发展成一句名言——以退为进。上古用兵的最高哲学，常常不求进一寸而是退一尺，退就是真正的进。在我们中国的战争史上有很好的例证，故意退兵，结果是打胜仗，因而产生了一个战争的原理——骄兵必败。一般来说，一个屡战屡胜的部队，打到最后，眼睛打红了，头打昏了，嘴笑开了，接下去也就完了。有时候敌人故意引诱你，故意让你每打必胜，培养你轻敌的骄气，对方所引用的，就是"不敢进寸而退尺"的原则。让你嘛！让你胜利到昏头的时候，然后一包围，你就整个完了。

禍莫大於輕敵

輕敵者幾喪吾寶

祸莫大于轻敌，
轻敌几丧吾宝。

我们曾引用过一句历史上的名言，"诸葛一生惟谨慎"，仔细研究诸葛亮，他唯一长处是一辈子谨慎小心。做人做事也是这样，甚至于碰到一件小事，得到了十块钱，一样要小心谨慎处理。所以真要做到庄严而艺术的人生，就不要忽略每一件小事，也就是不可以轻敌。

这个"敌"字，并不一定指敌人，外来的境界就是敌，佛家所讲的"依他起"，也是这个意思。中国文字中的所谓"敌体"，就是外在的环境，你的对方也是，所以不要轻视任何人、任何事。能够这样的话，你庄严的态度自然产生优良的品格，品格达到了最高处，就是最大的艺术。

如果轻敌的话，"几丧吾宝"，连宝贵的生命都会丧失丢掉。

吾言甚易知甚易行

天下莫能知莫能行

吾言甚易知，甚易行。

天下莫能知，莫能行。

老子他自己说，我上面所讲的理论平凡得很，非常容易懂，也容易做到；可是事实上，天下没有人知道，看了也不懂，也做不到。

这几句话等于是先知的预言，老子只写了五千言，而我们已经研究了几千年。古今中外，尤其现在这个时代，讨论研究老子文章的五花八门，究竟哪一个人说的合于老子的本意呢？谁也不知道！

真正的智慧是非常地平实，因为古今中外的人类都有一个通病，都把平凡看成简单，都以一种好奇的心理自己欺骗自己，认为平凡之中必有了不起的高深东西，以致越走越钻到牛角尖里去了。我们千万要记住，什么是伟大？什么是高深？最平凡的就是最伟大，最平实的就是最高深，而人生最初的就是最后的。无论多么高的宗教哲学，任何一种思想，最高处就是平淡。

所以，我们只要在平淡方面留意，就可以知道最高的真理。老子不过是用一种不同的方法讲出来，所表达的形态较为不同罢了。他只说我的话很容易懂得，也很容易做到，可是天下人反而不知道，也做不到。这不但代表了老子自己的学术思想，也是给古今中外的高明思想做了一个总结论。

宋　李公麟　老子授经图

知不知上

不知知病

知不知上，不知知病。

　　真正高明之士，什么都知道，一切都非常了解。但是，他虽真聪明却装糊涂，虽然一切知道了，外表显露出来的是不知，这是第一等人。可是其他的人，自己根本不知，却处处冒充什么都懂，这就是"不知知"，这是人生的大病。

　　老子这两句话，指出人类千万年来的通病。依我们读书做人几十年的感受，老子这句话极有深意。世界上"不知知"的人太多了，都是强不知以为知。明明不清楚，反而冒充非常了解，这是人们大病之所在。所以，学问真正到家，极端透彻的，他反而是无知。

　　为什么现在大家学打坐修道都没有进步呢？因为你知道得太多了，又是禅宗，又是密宗，又练气功，又搞观想，但是任何道理都没有清楚透彻。大家都是不知而妄求知，这里任脉通了，那里督脉通了，结果都是病象而已。所以"不知知病"，就是强不知以为知。

　　真正的"道"，万缘放下、一念不生就到家了，非常简单。

可是，现在也有许多的人都有打坐的经验，明知道要万缘放下、一念皆空，可是坐起来就是放不下，空不了。什么东西空不了呢？就是这一"知"空不了，思想观念在脑子里转个不停；分明教你放下，你却什么都放不下，所以就难在这一"知"。

以禅宗香岩禅师的公案来讲，他打坐参禅学佛二三十年，仍未悟道，他想自己没希望了，决心不再搞这个玩意，但也没有还俗，只是不再去用功参禅了。他改弦易辙去种田，想把身体练好，这样过一辈子算了。他本来参禅盘腿很用心思，后来这一改变，什么都放下不去管了。有一天挖地，挖出一块瓦片，他捡起来随便一丢，瓦片刚巧碰到一根竹子，啪的一声，他悟道了。

自此以后，许多人学他，拿竹子来格物致知，打瓦片，打了几十年也悟不了。所以，借用他人的什么方法是没有用的。这是讲"知"，当你到达了不知之境，天地人我皆空的时候，自然就成道了。这是一个由形而下的知识，到达形而上"无知而知"的道理。

再其次，做人的方法也是这样。比如我们都晓得唐朝代宗皇帝告诉郭子仪的话："不痴不聋，不作阿姑阿翁。"做长辈的，有时候分明知道，但知而不知，装作没有看见。如果太精明了，水太清则无鱼，人太清则无福。可是，在我也是只会说而做不到，所以，一辈子也没有福，看不见的也看见了，听不到的也听到了，始终想学"知不知"，而偏偏都知，真的很麻烦。"知不知"

也是人生的厚道处，尤其是做长辈的，或者做校长的，或做工厂老板的，有时候要学到"知不知"。人就是人，有时犯一点小错误，你要偶然装作看不见，下一次他就不会错了。"知不知"是真聪明，假糊涂。

聖人自知不自見
自愛不自貴
故去彼取此

圣人自知不自见，自爱不自贵，
故去彼取此。

　　人要能够自知，要有自知之明。"知人者智"，能了解别人，
那是聪明智慧；"自知者明"，了解自己的才算明。天下明白
人很难找，真正的明白人，就是能够了解自己，但是，人永远
不了解自己。所以说，只有圣人才能自知，不自欺，没有主观
的成见，达到无我的境界。圣人也能够做到自爱、自重；能够
尊重自己，才能够尊重别人，也才能够爱人。但是圣人"不自贵"，
自己不认为高贵，不像一般人有了学问、有了地位、有了钱，
就认为自己了不起，那就完了。那是彻底的凡夫，平凡的人。"故
去彼取此"，真正的自知自爱不自贵，就是能舍弃了自贵自见，
那才是圣人之道。

勇於敢則殺

勇於不敢則活

勇于敢则杀，勇于不敢则活。

　　西门町有些人被多看一眼，就会一刀刺过去的，这些人都是"勇于敢"，结果自己犯杀人之罪。所以粗暴不是真勇，勇是真勇气，如果没有智慧的判断，没有道德的修养，什么事情都敢，那就会变成糊涂的废人。当然，人们年轻的时候都可能犯下这种错误，自己认为很高明，很勇敢，什么事情都敢做了再说。但是，天下事不能做了再说，最好是说了慢慢做；先把道理搞清楚，再慢慢来做。年轻人固然不怕错，只要知错能改，但有时候想改也改不过来了。尤其是历史上的错误，没有机会改过来，所以"勇于敢"的结果是杀。

　　应该勇于什么呢？人生最高的勇气是慢一步，事先问一下，有没有把握？多考虑一下。多考虑一下就是勇气，看见地上有一叠钞票，只要拾起来无人看见，当然就是我的了。如果"勇于敢"，说不定刑警在后面，误认你是小偷。如果"勇于不敢"，这个钱拿与不拿，再多考虑五分钟，结果就可能不同。可是，"勇于不敢"是很难做到的，有时候被人骂懦弱；若怕被人骂懦弱，而"勇于敢"就完了。

聖人為而不恃

功成不處

其不欲見賢耶

圣人为而不恃，
功成而不处，
其不欲见贤。

　　老子始终告诉我们"功成、名遂、身退，天之道"。个人做事也好，为天下国家也好，不要把你的成功看成是你自己了不起；"功成"是大家的；"名遂"，出了名已经不好意思；"身退"，赶快自己退下来，这是"天之道"，是天道自然之理。所以，把一切的成功奉献给世人，布施给天下，老子叫我们效法天道，这是因果的大原理。

和大怨

必有餘怨

和大怨，必有余怨。

老子告诉我们人生最大的秘诀，如果人想做得面面俱到，那就绝对做不好。"和大怨，必有余怨"这一句话，说明人欢喜怨恨，爱埋怨的心理是天生的。一般人指责现代的青少年不满现实，我说不满现实是古今中外的通病，不但青少年如此，我们也一样。年轻的时候不满现实，现在老了，照样地不满现实。不满什么现实呢？不满于老年的现实，年轻人不满年轻的现实，每个时代每个世界，没有任何人安于现实满于现实的。假使有人满于现实，这个人不是圣人就是妖怪；当然圣人做得到，妖怪还做不到。所以除了圣人以外，人没有安于现实的，因为人的心理很妙，没有人是无怨的。我经常引用古文辞的话——"花落水流红，闲愁万种，无语怨东风"，一个人无事可怨时，还怨东风呢！当然，花落水流都要去埋怨一番，这是人的心理，尤其是年轻人的心理。所以，世间几乎没有一个人真是善人，善人到了"无怨亦无恨"的境界，那就是圣人、佛的境界了。人要做到样样好是不可能的，因为把大怨化解平和了，那些小怨又会变成大怨了。

小國寡民

小国寡民。

　　"小国寡民"这个"国"，是"地区"的意思。不要看到一个"国"字，就拿现在国家观念来读《老子》，那就不对了。我们了解这些以后，就知道"小国寡民"就是地方自治，进一步主张要一个国家天下太平，必须国民道德充沛，人人能够自发自动，国民道德才能提升，然后才能讲自由民主，达到天下太平。这样解释"小国寡民"，才可能是老子的原意。

既以為人己愈

既以與人己愈多

既以为人己愈有，
既以与人己愈多。

你真为人服务的话，付出得越多，你自己则会越加富有。

天之道利而不害

人之道為而不爭

天之道利而不害，
圣人之道为而不争。

这是《老子》真正的中心，要我们效法天地。天地生长万物，生生不已，只有付出，不想收回，不想得到报酬，所以天地还是天地。

人处处要想占有天地，占有别人的利益，结果反而什么都得不到。

后　记

　　本书封面"问道"二字集自南怀瑾先生墨宝，正文中的书法取自赵孟頫小楷《道德经》，其部分语句与南先生讲述所引《道德经》版本略有差异，请读者鉴察。